ERNST WAGNER

Geschichte der Siebenbürger Sachsen

Ernst Wagner

Geschichte der Siebenbürger Sachsen

Ein Überblick

Sechste, durchgesehene und erweiterte Auflage

Wort und Welt Verlag, Thaur bei Innsbruck

6., durchgesehene und erweiterte Auflage 1990

ISBN 3-85373-3055-8

Gesamtherstellung: Thaurdruck – Giesriegl Ges. m. b. H.,
Thaur bei Innsbruck
Printed in Austria

Inhalt

Vorwort

Es dürfte mit dem neu erwachenden Interesse der Deutschen und auch der Siebenbürger Sachsen an ihrer eigenen Vergangenheit zusammenhängen, daß die Fortsetzungsreihe „Zur Geschichte der Siebenbürger Sachsen“ in der *Siebenbürgischen Zeitung* (1979) mit großer Aufmerksamkeit gelesen wurde. Bereits in der Festschrift „Heimat im Wandel der Zeiten: zehn Jahre Siebenbürger-Sachsen-Siedlung Drabenderhöhe“ (*Böhlau-Verlag*, 1976) war eine etwas erweiterte Fassung gedruckt worden. Die positive Aufnahme dieser Darstellung gibt Verlag und Verfasser den Mut, sie neu bearbeitet, durch Abbildungen und Karten ergänzt, herauszubringen.

Die Notwendigkeit einer Kurzdarstellung der Geschichte der Siebenbürger Sachsen ergibt sich aus folgendem:

- Ältere Arbeiten dieser Art sind nicht nur seit längerer Zeit vergriffen, sondern lassen neuere Erkenntnisse der Geschichtsforschung ebenso unberücksichtigt wie die Ereignisse der letzten Jahrzehnte.
- Die gegenwärtige prekäre Lage der Siebenbürger Sachsen und deren Einstellung zu Grundfragen ihrer Existenz und ihrer Zukunft in Rumänien sind nur demjenigen verständlich, der wenigstens die Grundzüge ihrer Geschichte kennt. Das Selbstverständnis und die historische Bedeutung der Sachsen für Siebenbürgen und darüber hinaus können ebenfalls nur auf diesem Wege begriffen werden.
- Seit etwa vierzig Jahren lernen junge Siebenbürger Sachsen die Vergangenheit ihres Volksstammes im Schulunterricht nicht, nur unzulänglich oder verzerrt kennen; das gilt ebenso für Rumänien wie für Deutschland, Österreich oder für andere Länder, in denen ihre Eltern inzwischen seßhaft geworden sind.

Das bedeutet, daß Jugendlichen und Erwachsenen wichtige Informationen für ihr eigenes Selbstverständnis und für das Verständnis der Handlungsmotive ihrer Eltern und Großeltern fehlen.

- Mit den Banater Schwaben in Rumänien stellen die Siebenbürger Sachsen die noch intakteste deutschsprachige Minderheitengruppe in Ost- und Südosteuropa dar. Zugleich aber ist die Zahl der Aussiedler aus Rumänien in die Bundesrepublik Deutschland seit 1977 sprunghaft angestiegen. Das hat das Interesse der Massenmedien geweckt und dazu geführt, daß auch Nichtsiebenbürger an einer knappen aber doch ausreichenden Information interessiert sind.

Diejenigen Leser, die nach dem Studium dieses Büchleins gerne mehr wissen möchten, werden auf die Literaturangaben im Anhang hingewiesen.

Obernhain/Taunus, im Februar 1981

Ernst Wagner

Vorwort zur 6. Auflage

Aus den Umwälzungen nach den revolutionären Ereignissen der Jahreswende 1989/90 in Rumänien, die nicht isoliert von den Veränderungen in den anderen ostmitteleuropäischen Staaten einschließlich der DDR gesehen werden können, ergeben sich auch für die dort lebenden Siebenbürger Sachsen weitreichende Konsequenzen und neue Hoffnungen. Deshalb haben sich Autor und Verlag entschlossen, die erforderlich gewordene Neuauflage des vorliegenden Bändchens um ein zusätzliches Kapitel zu erweitern und andere Teile, vor allem die Literaturhinweise, auf den gegenwärtigen Stand zu bringen.

Obernhain/Taunus, im März 1990

Ernst Wagner

Siebenbürgen – Teil des südöstlichen Mitteleuropa

Siebenbürgen – heute die Zentralprovinz Rumäniens – ist geographisch, klimatisch und auch kulturell ein Teil Südost-Mitteleuropas. Mit Zentraleuropa wird es einerseits durch die Donau, andererseits durch die Karpaten verbunden. Die Karpaten sind etwa zur gleichen Zeit wie die Alpen entstanden und setzen sie – unweit von Wien beginnend – nach Osten fort. Dort, wo sie in südöstlicher Richtung abbiegen und dann den großen Bogen nach Westen machen, umschließen sie das siebenbürgische Bergland, das auch im Westen durch das Siebenbürgische Erzgebirge (Westkarpaten) gegen die pannonische (ungarische) Tiefebene abgegrenzt wird. Siebenbürgen wird deshalb oft mit einer natürlichen Festung verglichen.

Innersiebenbürgen ist ein von den Karpaten umgebenes Bergland mit Hochebenen, wie z. B. der des Burzenlandes, das von den Tälern der Flüsse Mieresch, Alt, dem Großen und Kleinen Samosch, den beiden Kokeln und kleineren Gewässern durchschnitten wird. Die niedrigste Stelle des Landes liegt am Mieresch (160 m ü. NN), die höchsten Erhebungen sind im Fogarascher (Moldoveanu, 2543 m) und Rodnaer Gebirge (Pietros, 2303 m).

Das Land ist reich an Naturschätzen. Heute sind die Energieträger Erdgas (bei Mediasch und in der Siebenbürgischen Heide) und Steinkohle (im Schielgebiet um Petroscheni) neben Erzen, Steinen, Erden und vielen Mineralquellen besonders gefragt. Im Altertum waren es Steinsalz, Edelmetalle (vor allem Gold), Kupfer und Eisen.

Die historische Provinz Siebenbürgen ist rd. 61.600 km^2 groß. Sie umfaßt damit mehr Fläche als die westdeutschen Bundesländer

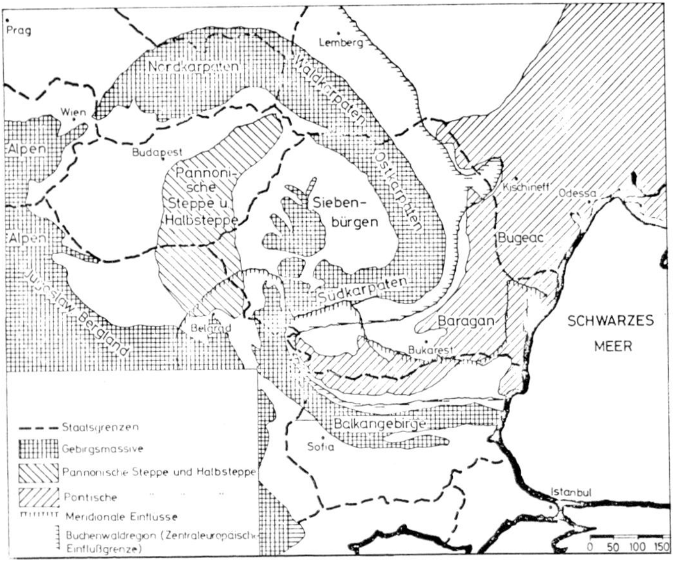

Geographische Lage Rumäniens

Baden-Württemberg, Rheinland-Pfalz und Saarland zusammen oder als Österreich ohne Steiermark und Kärnten (je 58.000 km^2). Mit etwa 80 Einwohnern je km^2 im Jahre 1979 ist Siebenbürgen aber viel dünner besiedelt als die genannten drei westdeutschen Bundesländer, wo etwa 240 Menschen je km^2, also dreimal so viel, leben.

Siebenbürgen wird in den mittelalterlichen lateinischen Urkunden terra Ultrasilvana, *Transsylvania,* also „Land jenseits der Wälder“ genannt. Es trägt auch heute noch seinen Namen zu Recht: über ein Drittel der Landesfläche ist mit Wäldern bedeckt, ein weiteres Drittel mit Wiesen, Obstwiesen oder Weiden; ein knappes Viertel ist Ackerland, der Rest entfällt auf Rebflächen mit berühmten

Weinen (0,4 Prozent), bebaute Flächen, Gewässer und anders genutzte Areale.

Der Gebietsname *Siebenbürgen* entsteht bald nach der Ansiedlung von Deutschen. Er taucht zuerst in deutschen Heldenliedern auf und gilt zunächst für die Zibinsebene um Hermannstadt, bald für das Gebiet der sogenannten Sieben Stühle. Erst allmählich wird er der deutsche Landesname.

Die Bewohner Siebenbürgens

Das Land hat eine besondere geopolitische Lage: Es ist nicht nur Schnittpunkt zwischen Ost und West, sondern auch zwischen Nord und Süd. In seiner wechselvollen Geschichte war es oft Vorfeld und Kampfplatz kriegerischer Auseinandersetzungen. Viele Völker sind durchgezogen, von denen man heute gerade noch den Namen weiß; einige blieben dort und sind in der eingesessenen Bevölkerung aufgegangen, andere haben sich als ethnische Gruppe bis heute erhalten. Die Deutschen Siebenbürgens leben seit ihrer Einwanderung um 1150 zusammen mit anderen Völkern und waren dabei nur in ihrem Siedlungsgebiet in der Mehrheit. Seit Jahrtausenden leben hier Menschen verschiedener Volkszugehörigkeit, unterschiedlicher Religion oder Konfession und auch ungleicher sozialer Gruppen neben- und miteinander, haben zusammen gestritten und gelitten und waren auch nicht immer einer Meinung – wie es eben unter Nachbarn üblich ist.

Nach den Angaben der letzten ausgewerteten Volkszählung Rumäniens (1977) leben in den neuen Großkreisen, die sich etwa mit den Grenzen der historischen Provinz Siebenbürgen decken, folgende größere ethnische Gruppen:

Zwei Drittel der Bevölkerung sind *Rumänen.*

Die zweitstärkste ethnische Gruppe stellen die *Ungarn* und *Szekler.*

An dritter Stelle stehen die deutschen Volkszugehörigen, die *Siebenbürger Sachsen.* Vor hundert Jahren lag ihr Anteil noch bei zehn Prozent der Gesamtbevölkerung, 1941 wurden amtlich 248.000 deutsche Volkszugehörige, im Jahre 1977 noch 171.000 (4 Prozent) gezählt. Den höchsten Anteil an Angehörigen der deutschen Nationalität wies 1977 der Großkreis Hermannstadt mit 19,1 Prozent auf, gefolgt von Kronstadt mit 6,2 Prozent. In Nordsiebenbürgen (Nösnerland, Reener Ländchen) wurden 1977 nicht mehr als 5 Prozent der deutschen Einwohner des Jahres 1941 registriert. Heute (1987) leben in Siebenbürgen noch etwa 100.000 bis 110.000 Deutsche.

Mit weitem Abstand folgen die statistisch wegen ihres „schwebenden Volkstums" schwer erfaßbaren *Zigeuner.* Als *Juden* bekannten sich in Siebenbürgen nur noch etwa 3.000 Personen; mehr als 90 Prozent wanderten nach 1945 aus. Die anderen Nationalitäten (Armenier, Griechen, Slowaken, Ukrainer u. a.) fallen heute nicht mehr ins Gewicht.

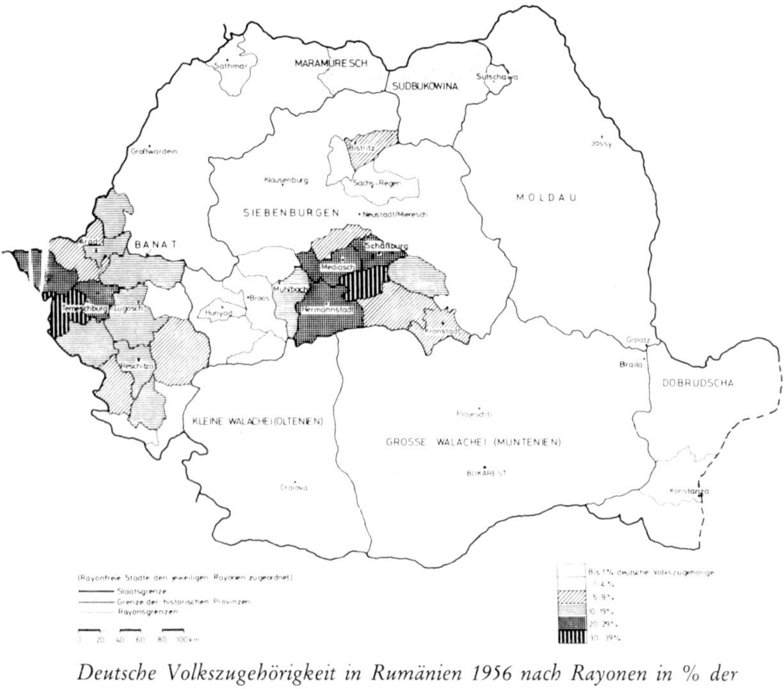

Deutsche Volkszugehörigkeit in Rumänien 1956 nach Rayonen in % der Gesamtbevölkerung

Konfession und Volkszugehörigkeit decken sich weitgehend: Die Rumänen sind heute, nach Aufhebung der griechisch-katholischen Kirche im Jahre 1948, fast ausnahmslos orthodoxe Christen. Über 90 Prozent der Siebenbürger Sachsen sind Lutheraner, die Ungarn sind Calvinisten, Katholiken oder Unitarier, und die Juden gehören der mosaischen Religion an.

Vor dem Zweiten Weltkrieg war Siebenbürgen ein Bauernland. Durch die forcierte Industrialisierung ging etwa ab 1955 der Anteil der landwirtschaftlichen Erwerbstätigen laufend zurück. Er dürfte heute deutlich unter 25 Prozent, bei den Siebenbürger Sachsen unter 10 Prozent liegen.

Zur Vor- und Frühgeschichte Siebenbürgens

Die reichen Bodenschätze und die Fruchtbarkeit Siebenbürgens waren seit je ein Anziehungspunkt für Menschen. Es ist deshalb nicht verwunderlich, daß die ersten Spuren menschlichen Lebens bis in die ältere Steinzeit nachzuweisen sind.

Die ersten schriftlichen Berichte über das Land finden wir bei griechischen Schriftstellern. Über die Geschichte der römischen Provinz Dazien und ihre Bewohner haben wir durch zahlreiche Funde ein ziemlich genaues Bild. Das Straßennetz ist teilweise noch erhalten geblieben. Wir kennen auch die von den Römern betriebenen Gold- und Salzbergwerke.

Nach der Räumung der Provinz Dazien unter Kaiser Aurelianus (271) rückten zunächst Westgoten und Karpen (nach ihnen werden die Karpaten benannt, die zeitweise auch Bastarnische Alpen hießen) nach. Etwa hundert Jahre später mußten die Westgoten vor dem Druck der Hunnen und ihrer Hilfsvölker nach Südwesten ausweichen. Die ihnen verwandten Gepiden unterwarfen sich den Hunnen und gründeten im Gebiet der nördlichen Theiß ein Reich, zu dem ab 480 auch große Teile Siebenbürgens gehörten. Es wurde

567 von den Awaren zerstört, die sich in der pannonischen (ungarischen) Tiefebene festsetzten. Nach dem Jahre 600 sickerten slawische Stämme ein, die sich allmählich mit der eingesessenen Bevölkerung vermischten. Im 9. und 10. Jahrhundert entstanden autochthone Knezate und Woiwodate als lokale politische Zusammenschlüsse, die zum Teil von einer petschenegischen Oberschicht beherrscht wurden.

Von nachhaltiger Bedeutung für das weitere Schicksal Siebenbürgens war die *ungarische Landnahme*. Das ursprünglich nomadische Reitervolk der Magyaren verließ im Jahre 896 die Zwischenheimat im Etelköz (Ukraine) und besetzte die pannonische Tiefebene, von wo aus es Beutezüge nach dem Westen und Süden unternahm. Nachdem Kaiser Otto I. die Ungarn im Jahre 955 auf dem Lechfeld bei Augsburg vernichtend geschlagen hatte, wurden sie seßhaft. Großfürst Geisa (Géza, 970 – 997) bat um die Entsendung von Missionaren.

Der Sohn des Fürsten Geisa wurde christlich erzogen und heiratete Gisela, die Tochter des bayerischen Herzogs Heinrichs des Zänkers. Als *Stephan I., der Heilige*, ließ er sich im Jahre 1.000 mit der vom Papst übersandten Krone zum ersten König von Ungarn krönen, nachdem er den Widerstand der heidnischen Stammesfürsten gebrochen hatte. Den staatlichen und kirchlichen Aufbau vollzog er mit Hilfe westlicher Priester und Ritter. Es ist fraglich, ob bereits er das siebenbürgische Bistum in Weißenburg (rum. *Alba Julia*, magyar. *Gyulafehérvár*) gegründet hat.

Die neuere Forschung hat nachgewiesen, daß die Ungarn Siebenbürgen nicht in einem Zuge eroberten. Zunächst drangen sie vom Westen aus ins untere Miereschtal, vom Nordwesten her bis an die Meseschberge und ins untere Samoschtal ein. Die jeweilige Grenze sicherten sie durch eine „Verhauzone" (rum. *prisac*, magyar. *gyepü*), also einen breiten Landstreifen von 10 – 40 km, der absichtlich wüst gelassen wurde und mit dichtem Gestrüpp bewachsen war, um feindlichen Reiterheeren den Zugang zu versperren oder zu erschweren. Die schwachen Stellen wurden zusätzlich durch Erdburgen, die Durchgänge durch Tore geschützt.

An diesen Verhauzonen wurden Hilfsvölker als Grenzwächter angesiedelt. Das wichtigste waren die Szekler. Schob man die Verhausäume vor, erhielten auch die Hilfsvölker neue Wohnplätze. Die bisherigen Verhausäume wurden als Königsland zur Besiedlung freigegeben. Die Eroberung Siebenbürgens erfolgte wahrscheinlich durch sechsmaliges Verlegen dieser Verhaue.

Die Ansiedlung von Deutschen

Sie erfolgte unter König Geisa II. (1141 – 1162) im Zuge der Verlegung der Verhausäume von der Mieresch- an die Altlinie, auf dem bisherigen Grenzödland, über das der König frei verfügen konnte. Gleichzeitig wurden die bis dahin dort wohnenden Szekler als Grenzwächter ins heutige Szeklerland umgesiedelt.

Noch vor hundertfünfzig Jahren hatten die sächsischen Geschichtsschreiber eine viel imponierendere Vorstellung von der Ansiedlung der Siebenbürger Sachsen. Sie meinten, daß etwa 300.000 Deutsche aus eigenem Antrieb ins ferne Siebenbürgen zogen, in ein ödes, menschenleeres Gebiet, wo es nur Bären, Wölfe und Luchse gab und wo sie sich nach Belieben die besten Gebiete zur Besiedlung aussuchen konnten. Dort hätten sie auf Anhieb mehrere hundert Dörfer gegründet und ihre Zahl sei erst durch die vielen Kriege mit Tataren und Türken vermindert worden. In dieser Vorstellung fiel dem ungarischen König als dem Landesherrn eine fragliche Rolle zu.

Die Wirklichkeit sieht viel prosaischer aus: Die Siedler kamen nicht als Eroberer, sondern wurden vom ungarischen König als dem Landesherrn gerufen, der ihnen auch ihr Siedlungsgebiet anweisen ließ. Sie kamen „ad retinendam coronam" – zum Schutze der Krone, also des Landes – und der König erhoffte sich von ihnen wesentlich höhere Steuern, bessere Methoden des Ackerbaues, gute Handwerker und eine Belebung des Handels. Diese Erwartungen gingen auch trotz der geringen Zahl der neuen Ansiedler voll in Erfüllung. Karl Kurt *Klein* , dem wir die jüngsten Korrekturen an unserem Geschichtsbild verdanken, schätzt die Zahl der ersten Ansiedler im Altland um Hermannstadt nicht auf 300.000 Menschen, sondern nur auf bescheidene 500 Familien, also 2000 – 3000 Personen!

Noch von einer weiteren romantischen Vorstellung unserer Eltern und Großeltern müssen wir uns trennen. Sie kommt in einem Lied des 19. Jahrhunderts vor und heißt: „Wo gibt's ein adliger Geschlecht, da keiner Herr und keiner Knecht?" – Schon für die ı Ansiedler stimmt diese Behauptung nicht. Unter ihnen ıden sich nicht nur Gemeinfreie, sondern auch Vertreter des ıeren Adels, die „Gräven", die ihre Anführer stellten. Diese ıäven haben dazu beigetragen, daß die Siedler eine besondere ıechtsstellung erhielten und haben sich auch sonst große Verdienste um sie erworben. Erst dreihundert Jahre nach der Ansiedlung, als die Gräven über gemeinfreie Bauern wie der ungarische Adel über seine Leibeigenen und Grundhörigen herrschen wollten, wurden sie ausgeschieden; sie mußten entweder auf ihre adligen Vorrechte verzichten oder den Königsboden verlassen. Und auch dann gab es noch eine klare ständische Gliederung, in der man allerdings durch Leistung als Freier aufsteigen konnte.

Über die Zeit der Ansiedlung besitzen wir keinerlei schriftliche Nachrichten. Aus dem Andreanischen Freibrief des Jahres 1224 wissen wir, daß die Siedler in den Jahren 1141 – 1162 in das Gebiet der Hermannstädter Provinz gerufen wurden. Der Versuch, für sie ein eigenes Bistum zu errichten, scheiterte am Widerstand des Bischofs von Siebenbürgen. Statt dessen wurde vor 1191 eine freie Propstei in Hermannstadt gegründet, die unmittelbar dem Erzbischof von Gran (Esztergom), dem Primas der katholischen Kirche in Ungarn, unterstand. Durch Innenkolonisation, wahrscheinlich auch verstärkt durch neue Zuzüge, entstanden im mittleren Siebenbürgen und im Unterwald weitere Ansiedlungen, die nicht mehr dem Hermannstädter Propst, sondern dem Bischof von Siebenbürgen kirchlich unterstellt waren. Sie bildeten politisch nach 1224 die erweiterte Hermannstädter Provinz, die später das Gebiet der Sieben Stühle hieß.

Wann im Nösnerland und im Reener Ländchen Nordsiebenbürgens westliche Ansiedler ihre Dörfer gründeten, ist nicht eindeutig nachzuweisen. Mehrere Forscher halten sie für älter als die Dörfer der Hermannstädter Provinz; die Nachweise sind aber nicht eindeutig.

Der deutsche Ritterorden im Burzenland (1211 – 1225)

Um das Jahr 1210 wurde die Grenzverhaulinie vom Geister Wald (Perschaner Gebirge) auf die Karpatenkämme verlegt. Damit war die Burzenländer Hochebene für die Besiedlung frei. König Andreas II. vergab sie 1211 an den Deutschen Ritterorden mit der Aufgabe, das Burzenland zu besiedeln und in Kumanien, dem Gebiet der heutigen Südmoldau und Munteniens, zu missionieren. Die Deutschritter errichteten zum Schutz des Burzenlandes fünf Ordensburgen. Hauptburg und Ordenssitz wurde die nach der Schutzheiligen des Ordens benannte Marienburg.

Die Deutschritter waren nur vierzehn Jahre im Burzenland. Weil sie einen eigenen Staat unter der Oberhoheit des Papstes errichten wollten, wurden sie von König Andreas II. vertrieben. Anschließend wurden sie nach Preußen berufen, wo sie an der Nogat die zweite Marienburg erbauten.

Es wird allgemein angenommen, daß die deutschen Gemeinden des Burzenlandes in diesen vierzehn Jahren gegründet wurden. Wahrscheinlich handelte es sich um Siedler aus anderen Dörfern Siebenbürgens; darauf deuten mundartliche Gemeinsamkeiten hin.

Deutsche Adlige, Geistliche und Bergleute

Außer den bereits erwähnten, vorwiegend bäuerlichen Siedlern sind schon früher einzelne westliche Adlige und Geistliche nach Siebenbürgen gekommen. Bedeutung erlangten die Siedlungen von Bergleuten, von denen einige wahrscheinlich älter sind als die Städte und Dörfer der Hermannstädter Provinz.

Für die Bewohner der an Kochsalz armen pannonischen Tiefebene war die Einfuhr von Steinsalz aus Siebenbürgen und der Maramuresch wichtiger als Gold und Silber. Deshalb legte der ungarische König Wert darauf, daß deutsche Bergleute alte Salzgruben modernisierten oder neue in Betrieb setzten, und rief sie nach Thorenburg (Turda), Deesch (Dej, in alten Karten Burglos), Kolosch (Cojocna), Szek (Sic) und Salzburg (Ocna Sibiului).

Den Goldbergbau brachten ebenfalls deutsche Bergleute wieder in Gang. Die siebenbürgische Münzkammer befand sich bis ins

15. Jahrhundert, wo sie wegen der Türkengefahr in das sichere Hermannstadt verlegt wurde, in Offenburg (Baia de Arieş). Auch an anderen Orten förderten deutsche Bergleute Gold und Silber, so in Rodna, Groß- und Kleinschlatten (Abrud, Zlatna), in Pernseifen (Băiţa) und Altenburg (Baia de Criş). Nach Eisenburg (Rimetea, magyar. Torockó) wurden Eisenwerker aus Eisenwurzen, also dem österreichischen Ybbs- und Erlaufgebiet, und aus der Steiermark gerufen.

Diese deutschen Bergwerkssiedlungen, zu denen im Sathmarer Gebiet noch Frauenstadt, Neustadt und Mittelstadt (Baia Mare, Baia Sprie) hinzukommen, hatten kein deutsches bäuerliches Hinterland. Ihre Zahl wurde durch kriegerische Ereignisse und Seuchen dezimiert, der Rest ging nach einem vorübergehenden Verfall der Bergwerke in der magyarischen oder rumänischen Umgebung auf.

Der „Goldene Freibrief" der Siebenbürger Sachsen (Andreanum) des Jahres 1224

Die Siedler, die im Mittelalter dem Ruf ungarischer Könige folgten und ins ferne Land „jenseits der Wälder" zogen, taten das nur gegen Zusicherung besonderer Freiheiten. Vor allem legten sie Wert darauf, ihre gewohnten Rechte dort weiter ausüben zu können und nur dem König allein untertan zu sein. Es geschah im Zuge der allgemeinen deutschen Ostkolonisation, und sie hatten die Möglichkeit, auch an anderer Stelle eine neue Heimat zu finden. Dieses besondere Recht für „Gastsiedler" (lat. hospites) galt zuerst der berechtigten Gruppe, wurde dann aber auf ein bestimmtes Gebiet, den Königsboden, übertragen. Er hieß so, weil dessen Siedler keinen Grundherren kannten, sondern unmittelbar dem König unterstanden, der sich von einem Königsgrafen (Königsrichter) vertreten ließ.

Rechtsverleihungen sind uns nicht erhalten geblieben. Sie wurden in dem Freibrief des Königs Andreas II., den er 1224 ausstellen ließ, für die Ansiedler um Hermannstadt bestätigt und erweitert. Er enthält das am besten ausgearbeitete und weitestgehende Siedlerrecht, das westlichen Siedlern in Osteuropa verliehen wurde und stellt das Grundgesetz der Sachsen auf Königsboden für viele

Jahrhunderte dar. Deshalb wollen wir seinen Inhalt mit den wichtigsten Bestimmungen näher betrachten. Der König setzt im einzelnen fest:

1. Daß alles Volk von Broos (Westgrenze) bis zum Boralt (Ostgrenze; Gebiet der heutigen Szeklergemeinde Baraolt, magyar. Barót) einschließlich des Szeklergebietes bei Mühlbach und dem Gebiet Draas *eine* politische Einheit bilden und unter einem einzigen Richter stehen soll. Gleichzeitig werden alle Grafschaften außer der von Hermannstadt aufgelöst.

Nach dem mißglückten Aufstand der Sachsen gegen den ihre Rechte mißachtenden siebenbürgischen Woiwoden im Jahre 1324 wird die Grafschaftsverfassung aufgehoben. Die Hermannstädter Provinz wird in sieben (Gerichts)-Stühle und den Hauptstuhl Hermannstadt aufgeteilt. Jedem Stuhl steht als Repräsentant des Landesherrn ein Königsrichter vor, von denen der Hermannstädter später das größte Gewicht erhält. Die Königsrichter werden zunächst vom König ernannt, ab 1464 jedoch von den Vollbürgern eines Stuhles gewählt und vom König lediglich bestätigt. Dem Königsrichter steht seit Einführung der Stuhlsverfassung ein gewählter Stuhlrichter als Volksrichter zur Seite. Die Stühle sind in der überlieferten Rangfolge: Schäßburg, Mühlbach, Großschenk, Reußmarkt, Reps, Leschkirch und Broos.

2. Die Siedlergenossenschaften (Gemeinden) erhalten das Recht, ihre Richter (Ortvorsteher) selbst zu wählen, die der Königsrichter nur dann bestätigen darf, wenn sie ständig unter ihnen wohnen.

3. Die Sachsen der Hermannstädter Provinz sind verpflichtet, dem König alljährlich 500 Silbermark nach Hermannstädter Gewicht, das auf dem Kölner Silberpfennig basiert, zu zahlen.

4. Bei einer Heerfahrt des Königs innerhalb des Reiches müssen die Hermannstädter Provinzialen 500 Bewaffnete stellen; außerhalb des Reichsgebietes sind es 100; wenn der König nicht selbst ins Feld zieht, nur 50 Krieger.

5. Die Siedlergemeinschaften haben das Recht, ihre Pfarrer selbst zu wählen. Die Gemeindepfarrer erhalten von ihren Pfarrkindern den Zehnten, von dem sie ein Viertel als Kathedralzins dem Bischof abführen. In den Gemeinden, deren Bewohner nicht nach westlichem Siedlerrecht leben, gebührt dem Bischof der ganze Zehnte. Er ernennt auch den Ortsgeistlichen, dem er als Bezahlung ein Viertel des Zehnten überläßt.

6. Der König bestimmt weiter, daß über die Siedler der Hermannstädter Provinz nur er selbst oder der von ihm eingesetzte Königsrichter zu Gericht sitzen darf. Dabei gilt ihr eigenes Gewohnheitsrecht. Vor das Gericht des Königs dürfen sie nur geladen werden, wenn der Fall vor ihrem eigenen (Gemeinde- oder Stuhl-)Richter nicht entschieden werden kann.

7. Andreas II. verleiht ihnen das neue Recht, den Wald der Wlachen und Bissenen (Petschenegen) mit diesen gemeinsam zu nutzen. Es handelt sich dabei wahrscheinlich um die Waldgebiete, die zu den Grenzburgen Talmesch und Salgo (Hamlesch, Selischte) gehörten.

8. Die Nutzung der Wälder und Gewässer, die eigentlich dem König zusteht, wird allen, „den Armen wie den Reichen", zur freien Verwendung überlassen.

9. Der König ordnet für alle Zeiten an, daß kein Teil der Hermannstädter Provinz je an einen Grundherrn vergeben werden darf. Sollte einmal dieses Recht verletzt werden, so sollen die Aussiedler sofort Einspruch einlegen und sind berechtigt, ihr Recht durchzusetzen.

10. Schließlich wird festgelegt, daß die Kaufleute der Hermannstädter Provinz im ganzen Reich Ungarn frei von Abgaben sind und daß auch die in ihrem Gebiet abgehaltenen Märkte zollfrei sein sollen.

Dieses Recht der Hermannstädter Provinz war besser als das der Zwei Stühle (Mediasch und Schelken), des Burzen- und des Nösnerlandes und wurde später auch auf diese Königsbodengebiete ausgeweitet.

Warum gewährte König Andreas II. den Siedlern der Hermannstädter Provinz so weitgehende Rechte und stattete ihren Königsgrafen mit mehr Macht aus? – Er tat es sicher nicht nur deshalb, weil sie ihm besonders ans Herz gewachsen waren, sondern weil er sich davon politische Vorteile versprach. Im mittelalterlichen Königreich Ungarn wurde die Macht des Königs vor allem durch die hochadligen Geschlechter, die Magnaten und Barone, eingeschränkt. Aus deren Reihen stammte auch der mächtige Woiwode von Siebenbürgen. Als die Gräven der Hermannstädter Provinz dem König den Wunsch nach einem neuen Freibrief vortrugen, erkannte er die Möglichkeit, hier ein Gegengewicht gegen die Macht des Woiwoden zu schaffen.

Es ist sicher mehr als ein Zufall, daß später vor allem die starken, weitsichtigen Herrscher Ungarns die Bewohner des Königsbodens besonders förderten, wie z. B. Karl I. (Robert) von Anjou, dessen Sohn Ludwig der Große, Sigismund von Luxemburg, der zugleich deutscher Kaiser war, und Mathias Corvinus.

Bevor wir uns mit dem weiteren Schicksal der deutschen Ansiedler in Siebenbürgen, der späteren Siebenbürger Sachsen, befassen, müssen wir noch eine andere Frage klären:

Woher stammen die Siebenbürger Sachsen?

Die Ansiedlung von Deutschen in Siebenbürgen ist kein isolierter Vorgang, sondern Teil der deutschen Ostkolonisation, zu einem Zeitpunkt, als das Erzbistum Magdeburg Zentrum der Neubesiedlung war. Die gleichen Ursachen, die deutsche Bauern, Ritter und Kaufleute im Westen bewogen, die alte Heimat zu verlassen und in das heutige Mitteldeutschland, nach Brandenburg, Pommern oder Schlesien zu ziehen, treffen auch für die Vorfahren des in Siebenbürgen entstandenen deutschen Neustammes zu.

Noch vor dem Ersten Weltkrieg hofften sächsische Wissenschaftler herauszufinden, aus welchem Dorf oder welcher Landschaft die Einwohner einer bestimmten sächsischen Gemeinde stammen. Die nächste Forschergeneration mußte erkennen, daß dies wohl nicht möglich sein wird.

Aus der Zeit der Ansiedlung ist keine Urkunde erhalten geblieben, aus der wir etwas über die Herkunft der Ansiedler in Siebenbürgen erfahren könnten. Wir müssen deshalb indirekte Beweismittel heranziehen. Solche können sein: ihr Name, ihre Mundart, ihre alten Sitten, Bräuche, Rechtgewohnheiten, die Agrarverfassung u. ä., sowie wahrscheinlich aus der alten Heimat mitgebrachtes Schriftgut. Zu den einzelnen „Beweismitteln" ist folgendes zu sagen:

Der *Name* Siebenbürger *Sachsen* führt uns nicht weiter. Es stellt sich nämlich heraus, daß die Ansiedler in den ältesten Urkunden anders heißen. Die ältesten päpstlichen Urkunden bezeichnen sie als Flanderer, *Flamen*. Wir wissen heute, daß einige (alt)französisch sprechende *Wallonen* unter den Ansiedlern waren. Beide Gruppen haben aber sicher nicht die Hauptmasse der Siedler gestellt.

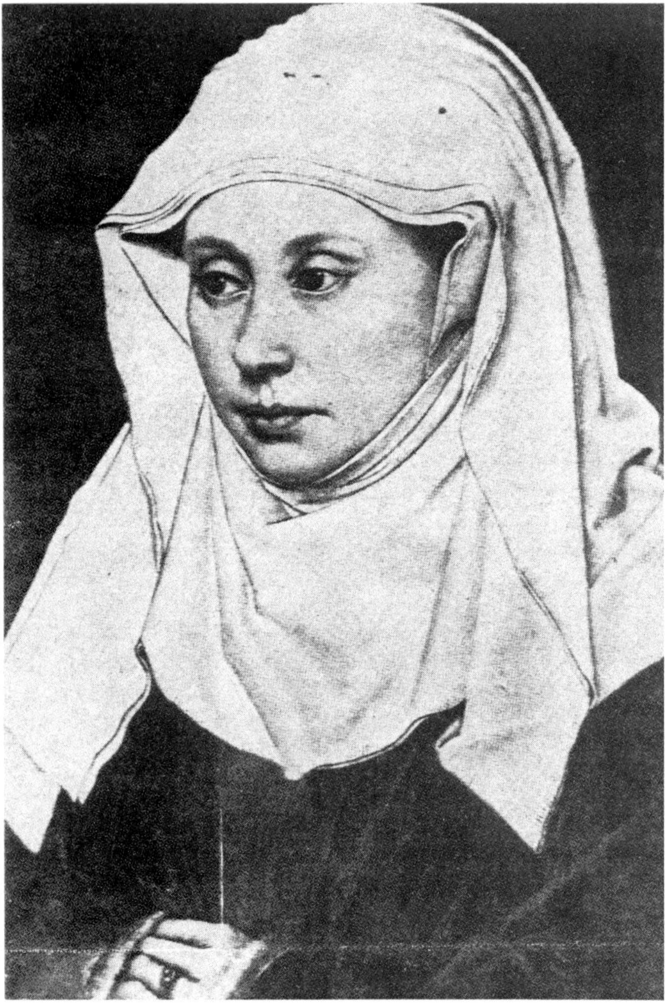

Volkstracht, ein Brückenschlag über Jahrhunderte hinweg. Links: Roger van der Weyden, Bildnis einer Frau aus den Niederlanden, 1433. Rechts: Bauerngruppe aus Deutsch-Weißkirch vor dem Kirchgang (Foto: E. Daniel).

Im Andreanischen Freibrief heißen die Ansiedler der Hermannstädter Provinz einfach „Unsere getreuen *deutschen* Gastsiedler". Die Ansiedler selbst haben sich bis ins 18. Jahrhundert auch so bezeichnet. Bei der Reformation nannten sie ihre neuen kirchlichen Bestimmungen die „Kirchenordnung aller *Deutschen* in Sybembürgen". Die Ortsnamen, die sie selbst gaben, heißen Deutschtekes, Deutschzepling, Deutschweißkirch usw.

Nun waren unter den ersten Ansiedlern sicher auch Niedersachsen. Darauf weisen jedenfalls gewisse mundartliche Merkmale hin. Vieles spricht auch dafür, daß die ersten Bergleute in Siebenbürgen aus Sachsen – dem Bergbaugebiet am Harz – stammen. Sicher ist: Der Name Sachsen wurde den deutschen Siedlern von den *Ungarn* gegeben. Wir müssen demnach feststellen, daß uns der Name der Siebenbürger Sachsen bei der Suche nach der „Urheimat" nicht weiterhilft.

Kann uns die *Mundartforschung* hier unterstützen? Die „Nösner Germanistenschule" und deren Hauptvertreter, der Klausenburger Professor Gustav *Kisch* und der Debreziner Germanist Prof. Richard *Huß* befaßten sich schon in ihren Doktorarbeiten vor über siebzig Jahren mit dieser Frage. Sie bezeichneten *Luxemburg* als die Urheimat der Siebenbürger Sachsen. Heute gilt als gesichert, daß die Mundarten seit der Einwanderung im 12. Jahrhundert erhebliche Wandlungen mitgemacht haben. Sowohl das Siebenbürgisch-Sächsische als auch das Luxemburgische sind Reliktmundarten, die dem Einfluß des Hochdeutschen weniger ausgesetzt waren als andere. Sie haben auch sehr viel Gemeinsames. Im 12. Jahrhundert war aber die Mundart, aus der sich beide entwickelten, viel weiter verbreitet als heute. Wir müssen deshalb das ganze Gebiet des früheren Kölner Erzbistums, zu dem auch das Bistum Lüttich im Flämischen gehörte, mit Hunsrück, Westerwald bis ins Westfälische und das Bistum Trier als mögliche Urheimat ansehen.

Man hat versucht, eine Antwort auf die Herkunftsfrage zu finden durch den Vergleich bäuerlicher Bauweisen, der Agrarverfassungen, der Rechtsbräuche u. a. m. Eine genauere Lokalisierung, als es durch die Mundartforschung möglich war, gelang bisher noch nicht.

Unter denjenigen, die sich mit den religiösen Überlieferungen befaßten, hat Karl *Reinerth* die Frage der Herkunft am gründlichsten untersucht. Er sagte sich: Die Auswanderer haben als gläubige katholische Christen sicher aus der alten Heimat bestimmte Formen des Gottesdienstes und der Heiligenverehrung, vielleicht sogar Meß- und Gebetbücher mitgenommen. Aus den ältesten erhaltenen kirchlichen Büchern in Siebenbürgen hat er in mühsamer Kleinarbeit die ältesten Teile herausgeschält und mit denen westlicher Bücher dieser Zeit verglichen. Er bestätigt im wesentlichen die Feststellungen der Mundartforscher und stellt fest: Die Hauptmasse der Siedler dürfte aus dem Gebiet des Kölner

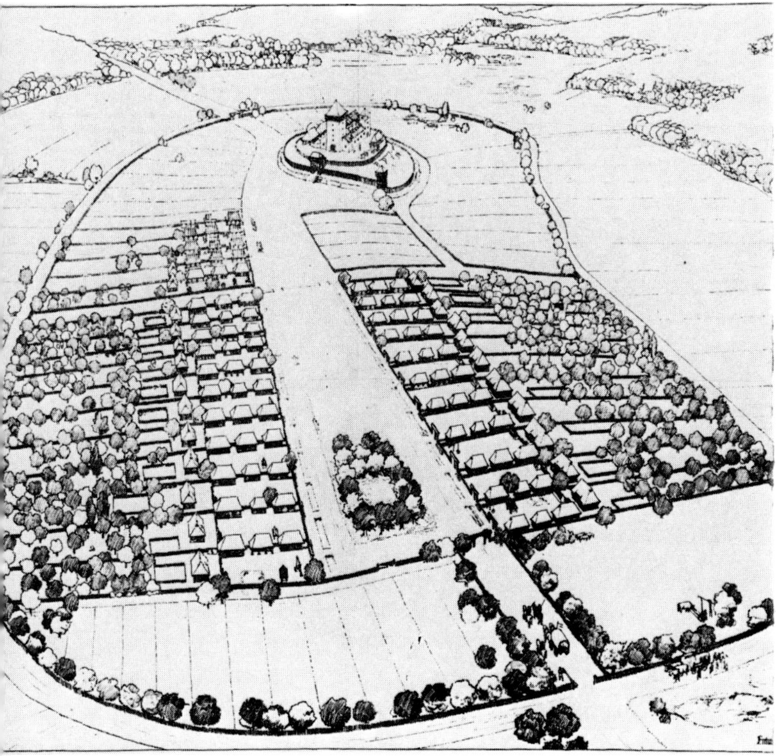

Großschenk in Siebenbürgen zur Zeit des Baues der romanischen Basilika.

Erzbistums stammen. Sie hielten sich aber wahrscheinlich mehrere Jahre in einer „Zwischenheimat" im Gebiet des Erzbistums Magdeburg auf. Von dort zogen sie nach Meinung des Sprachforschers Ernst *Schwarz* über Schlesien und die Oberzips nach Siebenbürgen. Darauf weist auch die enge Verwandtschaft mit der Mundart der Zipser Sachsen hin (die Zips liegt in der heutigen Slowakei und war früher ungarisches Staatsgebiet).

Spätere Zuzüge auf anderen Wegen sind wahrscheinlich. In Siebenbürgen selbst dürften vor allem Deutsche aus Gemeinden

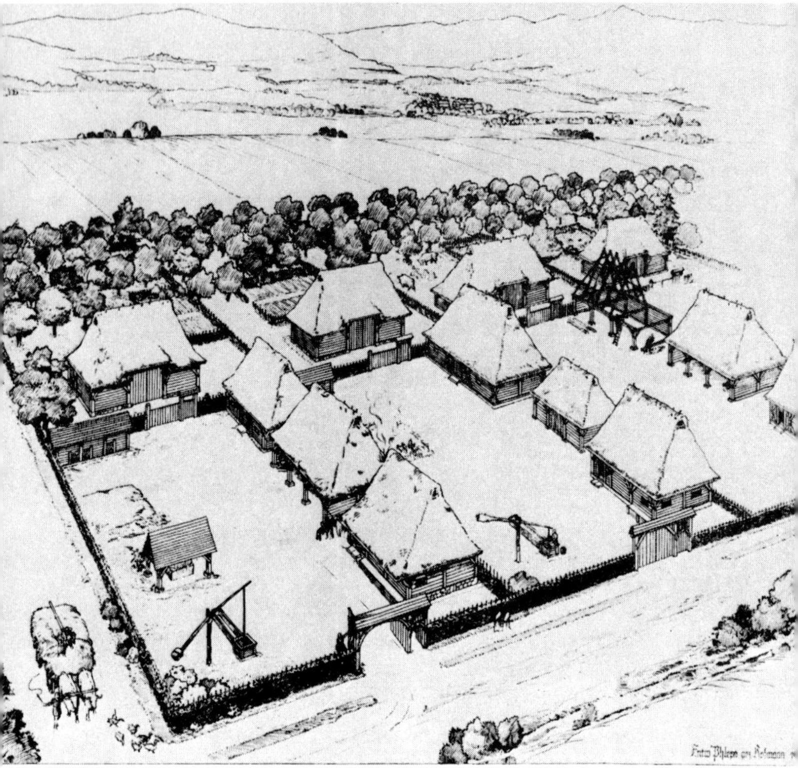

Wiederherstellung des sogenannten „Fränkischen Gehöftes", wie es die deutschen Einwanderer vom Mittelrhein und der Mosel im 12. Jahrhundert nach Siebenbürgen übertrugen.

minderen Rechts nach Dörfern des Königsbodens umgezogen sein. In jahrhundertelangem Zusammenleben wuchsen sie zu einer festen Gemeinschaft, den Siebenbürger Sachsen, zusammen, die bis vor hundert Jahren (1876) auch ein eigenes autonomes Gebiet mit eigener Verwaltung und Rechtsprechung besaß.

Der Tatareneinfall des Jahres 1241

Er setzte die jungen, aufstrebenden Gemeinden der ersten großen Belastungsprobe aus. Wir sind darüber durch den ausführlichen und zuverlässigen Bericht des Großwardeiner Domherrn Rogerius, aber auch durch Eintragungen in mehreren Chroniken, wie z. B. den Echternacher Kodex oder die Erfurter Annalen, gut unterrichtet: Ein Heer der Tataren fiel von Nordosten durch den Rodnaer Paß ein, vernichtete die blühende Bergwerksstadt Rodna und zerstörte Bistritz (es heißt im Echternacher Kodex Nosna, also Nösen) mit seinen Ansiedlungen ebenso wie Klausenburg und andere Orte. Ein zweites Heer überfiel Kronstadt, Hermannstadt und Weißenburg mit den benachbarten Dörfern. In der Schlacht bei Mohi wurde das ungarische Heer vernichtend geschlagen. Viele Große des Reiches fielen, darunter Reinhold, Bischof von Siebenbürgen, und Nikolaus, Propst von Hermannstadt. Der Weg nach Zentraleuropa war damit für die Tataren frei. Auf dem Rückweg zerstörten sie die noch unversehrt gebliebenen Orte und führten viele ihrer Einwohner in Gefangenschaft und Sklaverei. Nur diejenigen, die rechtzeitig in die Wälder flüchten konnten, blieben verschont.

Weiterer Landesausbau; Siedlungen auf Komitatsboden

Die heutigen sächsischen Gemeinden auf Königsboden einschließlich der in den Türkenkriegen verödeten Dörfer wurden bis auf wenige Ausnahmen bis zum Jahre 1300 gegründet.

Nicht nur der König legte Wert darauf, Deutsche anzusiedeln. Auch Grundherren wollten durch sie ihr Einkommen mehren. Hier sind in erster Linie der *Bischof* von Siebenbürgen und sein Domkapitel sowie mehrere Klöster und kirchliche Einrichtungen zu nennen. Der Bischof rief deutsche Siedler nicht nur in seine Residenz Weißenburg und in deren Umgebung. Er war auch zeitweise Grundherr von Klausenburg und rief dorthin, nach Sächsisch-Fenesch und Sächsisch-Lona, Ansiedler, ebenso auch nach Mönchsdorf und Billak (Attelsdorf) an der Grenze des Nösnerlandes, oder nach Schlatt und in andere, ihm zugehörige Dörfer.

Das angesehene Benediktinerkloster von *Koloschmonostor* (heute Stadtteil von Klausenburg) gründete die später dem Schäßburger Stuhl angegliederten Dörfer Großalisch, Großlasseln, Halwelagen und Pruden. Der Hermannstädter *Propst* wiederum berief Ansiedler nach Michelsberg, Probstdorf b. Agnetheln, nach Groß- und Klein-Probstdorf bei Mediasch und nach Reußen. Das um das Jahr 1210 gegründete Zisterzienserkloster in *Kerz* war Grundherr von Kerz, Abtsdorf b. Agnetheln, Deutschkreuz, Klosdorf, Meschendorf u. a. Zur Zisterzienserabtei *Egresch* bei Arad gehörten Abtsdorf b. Marktschelken, Donnersmarkt, Scholten und Schorsten.

Als Ortsgründer betätigten sich vor allem die sächsischen *Erbgräven,* wie z. B. die Geschlechter der Kellinger, Petersdorfer, Salzburger, Großpolder und Talmescher, in Nordsiebenbürgen der Rodnaer und Bistritzer. Durch sie wurden das Zekeschgebiet bis zum Mieresch und Gemeinden zwischen den Stühlen des Königsbodens besiedelt. Daneben warben aber auch *ungarische Adlige* deutsche Siedler an, wie z. B. die Apaffi für die Dörfer um Malmkrog. Zu dieser Siedlerwelle gehören vor allem die Dörfer zwischen den beiden Kokeln und in Nordsiebenbürgen.

Um Siedler zu gewinnen, machten ihnen die kirchlichen und adligen Grundherren weitgehende Zugeständnisse, so daß sie zunächst wirtschaftlich nicht anders gestellt waren als auf dem Königsboden. Allmählich verschlechterte sich ihr rechtlicher und wirtschaftlicher Status deutlich im Vergleich zum Königsboden.

Bis zur Bauernbefreiung (1848) befand sich etwa ein Drittel der sächsischen Dörfer und etwa jeder vierte Siebenbürger Sachse auf grundherrlichem Komitatsboden. Im günstigsten Falle unterschied sich ihr Status wirtschaftlich kaum von dem des Königsbodens, im ungünstigsten Falle erging es ihnen ebenso schlecht wie anderen Grundhörigen.

Die kirchliche Organisation vor der Reformation

Die Freie Hermannstädter Propstei unterstand eigentlich unmittelbar dem Papst. Die gewählten Pfarrer dieses Gebietes wurden deshalb der Aufsicht des Graner Erzbischofs als Primas der katholischen Kirche in Ungarn unterstellt. Sie schlossen sich bald zu einer Pfarrbrüderschaft, dem Landkapitel Hermannstadt mit den

Surrogatien (Abteilungen) Leschkirch und Schenk-Hermannstadt, zusammen und wählten zu ihrem Sprecher einen Dechanten. Der weit entfernte Graner Erzbischof übertrug diesem bereits 1264 gewisse bischöfliche Befugnisse.

Auch die frei gewählten Pfarrer des Burzenlandes unterstanden dem Graner Erzbischof. Ihrem Dechanten wurden ebenfalls gewisse bischöfliche Aufgaben übertragen.

Die übrigen sächsischen Landkapitel waren von der Aufsicht der Archidiakone befreit und unterstanden direkt dem Bischof von Siebenbürgen. Auch die nicht auf Königsboden befindlichen sächsischen Pfarreien schlossen sich bald zu Landkapiteln zusammen, blieben aber zunächst dem zuständigen Archidiakon unterstellt.

Das Zusammenwachsen zur sächsischen Nationsuniversität

Wegen ihres am besten durchgearbeiteten Rechts erhielten die Sachsen der Hermannstädter Provinz oder der Sieben Stühle bald eine Vorrangstellung vor den anderen Gebieten des Königsbodens. Die Sachsen erreichten allmählich, daß deren Recht auf alle Gebiete übertragen wurde. Nach 1318 konnten die Sachsen der Zwei Stühle (Mediasch und Schelken) es übernehmen, 1366 jene des Nösnerlandes, 1393 wurde der Winzer Distrikt mit den Sieben Stühlen vereinigt. 1422 kam auch das Burzenland in den Genuß der Hermannstädter Freiheiten. Die Königliche Freistadt Klausenburg unterhielt mit ihren sächsischen Einwohnern dadurch Beziehungen zum Königsboden, daß ab 1397 Rechtsfälle in zweiter Instanz in Bistritz, in letzter in Hermannstadt, entschieden wurden. Im Zuge der Reformation nahmen die Klausenburger eine andere Konfession an als die übrigen Sachsen. Durch Zuzug von Ungarn aus der Umgebung gerieten diese Sachsen auch zahlenmäßig in die Minderheit und gingen schließlich im Magyarentum auf.

Die rechtliche Einheit aller Sachsen auf dem Königsboden hieß seit dem 15. Jahrhundert die „Universitas Saxonum", also die Gesamtheit der Sachsen oder die Sächsische Nationsuniversität. Mit der Bestätigung des Andreanums durch König Mathias Corvinus (1486) wurde sie ausdrücklich bekräftigt. Ihr höchster Würdenträ-

Der Sachssen inn
Siebenbürgen:
STATVTA: Oder eygen
Landtrecht.
Durch Matthiam Fronium
vbersehen/ gemehret
vnd
Mit Kön: Maiest: inn Polen/ gnad vnd
Priuilegio in Druck gebracht.
Anno, M. D. LXXXIII.

Das „Eigen-Landrecht" der Siebenbürger Sachsen. Titelseite des Erstdrucks 1583.

ger war der „Comes Saxonum", der Sachsengraf, auch Sachsenkomes genannt, der seit 1477 gewählt wurde. Ihre gemeinsamen Angelegenheiten und schwierige Rechtsfälle regelten die gewählten Abgeordneten auf den Versammlungen der Nationsuniversität, die mindestens einmal jährlich am Katharinentag (25. November) stattfanden. Ihre Rechtsgewohnheiten wurden, teils ergänzt durch römisches Recht, wie bei anderen deutschen Landrechten auch, im Jahre 1583 im Eigen-Landrecht zusammengefaßt und vom Landesherrn bestätigt. Es blieb bis zur Einführung des österreichischen Allgemeinen Bürgerlichen Gesetzbuches (1853) in Kraft.

Außer dem Königsboden gab es in Siebenbürgen zwei weitere, in sich abgeschlossene Rechts- und Verwaltungsgebiete: den Szeklerboden und den Komitatsboden des ungarischen Adels, auch Land der Ungarn oder Adelsboden genannt. Die drei ständischen Nationen von Adel, Szeklern und Sachsen schlossen sich erstmals 1437 zu einer „brüderlichen Einigung" zusammen. Diese erste Union wurde mehrfach erneuert. Sie war später Grundlage der ständischen Verfassung des Fürstentums Siebenbürgen. Neben einigen freien, sog. Taxalorten, bildeten diese drei „Nationen" den siebenbürgischen Landtag.

Wirtschaftliche Verhältnisse

Nach dem Landesausbau im 12. und 13. Jahrhundert ist die Zeit des 14. und 15. Jahrhunderts für die Siebenbürger Sachsen eine Zeit der wirtschaftlichen Blüte und des Aufschwungs, auch wenn die immer gefährlicher werdenden Türkeneinfälle – auf die wir noch näher eingehen müssen – dafür sorgten, daß die Bäume nicht in den Himmel wuchsen. Hermannstadt, Kronstadt, Bistritz, Schäßburg, Mühlbach und Mediasch entwickelten sich zu städtischen Zentren, andere Orte zu Marktflecken.

Die erste erhaltene Zunftordnung der Sieben Stühle vom Jahre 1376 zeigt schon ein breit gefächertes Handwerk mit 19 Zünften und 25 Gewerben. Wenn man sich vor Augen hält, daß zur gleichen Zeit in Augsburg 16 Zünfte mit 20 Gewerben und in Straßburg im Elsaß 28 Gewerbe bekannt waren, so hält Hermannstadt einem Vergleich durchaus stand.

Hermannstadt, Evangelische Kirche.

Franz Letz: Kronstadt, Rathaus.

Norbert Thomae: Die Bistritzer Stadtpfarrkirche.

Franz Letz: Schäßburg, Marktplatz.

Die wachsende Bedeutung der Städte kommt auch dadurch zum Ausdruck, daß den Sieben Stühlen 1453 der Schutz des Roten-Turm-Passes mit dem Gebiet der Talmescher Grenzburgen übertragen wurde. Das Gebiet Hamlesch/Selischte wurde ihnen 1469 zugesprochen. Der Rodnaer Paß mit dem entsprechenden Grenzburggebiet ging 1475 an Bistritz, die Törzburger Grundherrschaft mit Paß 1498 endgültig an Kronstadt. Die Städte – allen voran Kronstadt – waren so finanzkräftig geworden, daß sie auch dem König Geld gegen die Verpfändung von Orten liehen.

Wirtschaftliche Basis der Siebenbürger Sachsen aber blieb die Landwirtschaft. Auch von den Städtern wurde sie von Meierhöfen aus betrieben. Der weitaus größere Teil der Gemarkungen war unaufgeteiltes Eigentum der Markgenossenschaften. Das galt vor allem für Wald und Weide, die noch nicht streng getrennt waren. Neben der Waldweide für Rinder – Schafe und Ziegen wurden wegen des Verbisses der nachwachsenden Baumbestände ferngehalten – war auch die Eicheln- und Bucheckernmast für Schweine wichtig. Entsprechend den Bestimmungen des Andreanums waren Arme und Reiche in gleicher Weise an der Nutzung von Wald und Gewässern beteiligt. In den meisten Orten war die damals intensive Nutzung durch Dreifelderwirtschaft, in einigen durch Zweifelderwirtschaft, üblich. Wegen der Beweidung des Brachfeldes herrschte Flurzwang; die Altschaft bestimmte den Beginn der Feldarbeiten.

Entsprechend fränkischer Erbsitte ging in der Regel der väterliche Hof an den jüngsten Sohn, während die Äcker und Wiesen unter den Geschwistern aufgeteilt wurden. Junge Eheleute, die keinen elterlichen Hof erwarten konnten, erhielten eine neue Hofstelle am Rande des Ortes. Beim Hausbau half die gesamte Nachbarschaft mit. Wenn das vorhandene Ackerland für die wachsende Zahl von Familien nicht mehr ausreichte, schied man ein neues Gewann aus der „Gemeinerde“ aus, verteilte es durch Los auf die berechtigten Wirte und nahm es unter den Pflug. So entstand mit der Zeit eine große Zahl von Gewannen oder „Fuhrlingen“ und eine starke Flurzersplitterung. Erst vor knapp hundert Jahren wurde sie durch Flurbereinigungen („Kommassationen“) beseitigt. Nachdem bis zum 19. Jahrhundert das pflugfähige Land aufgeteilt worden war, führte die nun nachteilige Realteilung in vielen Gemeinden zu einer starken Beschränkung der Kinderzahl und zu einem Stagnieren der Volkszahl.

Franz Letz: Mühlbach, Stadtpfarrkirche.

Franz Letz: Mediasch, Forkeschgässer Tor.

Franz Letz: Sächsisch-Regen, Stadtpfarrkirche.

Die Türkeneinfälle; Errichtung von Kirchenburgen

Nach dem zweiten Tatareneinfall (1285) gab es über hundert Jahre lang keine größeren äußeren Bedrohungen. Das sollte sich ändern, als die Türken nach der Eroberung Anatoliens 1350 nach Europa übersetzten und allmählich die Balkan-Halbinsel einnahmen. Im Jahre 1395 fielen sie zum ersten Male durch den Törzburger Paß überraschend ins Burzenland ein. Ein Jahr später begannen die Kronstädter mit dem Ausbau ihrer Stadtbefestigungen. Die übrigen Städte folgten ihrem Beispiel. 1396 schlugen die Türken bei Nikopolis ein christliches Kreuzfahrerheer. König Sigismund von Luxemburg – er wurde 1433 zum Kaiser gekrönt und war auch König von Böhmen – begann die Abwehr gegen die Türken im Lande zu organisieren. Zu diesem Zweck hielt er sich mehrfach längere Zeit in Kronstadt und Hermannstadt auf. Zunächst diente die Walachei als Vorfeld gegen die Türken. Durch ihre dort angeworbenen Späher versuchten die Kronstädter und Hermannstädter frühzeitig zu erfahren, was die Osmanen vorhatten.

Die Türken drangen 1420, diesmal durch das Miereschtal, ins Land ein, zerstörten Broos und verheerten den ganzen Unterwald. Achtzehn Jahre später (1438) brandschatzten und mordeten sie wieder im Miereschtal, belagerten Hermannstadt ergebnislos und machten auf dem Rückweg Mühlbach dem Erdboden gleich. Der „Ungenannte Mühlbacher“, auch als „Rumeser Student“ bekannt, wurde mit anderen in die Sklaverei verschleppt. Erst nach achtzehn Jahren gelang es ihm zu entkommen. Als Mönch verfaßte er die erste gründliche Beschreibung der türkischen Sitten und Bräuche in lateinischer Sprache. Das Buch, in dessen Einleitung er die Belagerung Mühlbachs beschreibt, hat unzählige Auflagen und Übersetzungen erlebt. Eine deutsche Übersetzung versah Martin Luther mit einem Vorwort.

In dieser Zeit wurden die sächsischen Städte zu Waffenschmieden der Abwehrkämpfe. Selbst für die Festung Chilia im Donaudelta forderte man in Kronstadt Waffen an. Hermannstadt und Kronstadt galten als uneinnehmbare Festungen.

Wenn der Türke ins Land eingefallen war, wurde zum Zeichen des allgemeinen Aufgebotes ein in Blut getauchtes Schwert durch alle Gemeinden der sächsischen Stühle getragen. Man legte jeweils fest, wer dem Aufgebot zum Heeresbann Folge zu leisten und wer zum Schutz der Gemeinden zu Hause zu bleiben hatte. Das sächsische Aufgebot, das der Sachsengraf anführte, war dabei, als Johann von Hunyad die eingefallenen Türken vertrieb. Es kämpfte auch zwei Jahre später in der Schlacht bei Varna mit, in der König Wladislaw I. fiel. In der Schlacht auf dem Brodfeld bei Mühlbach (1479) standen die Sachsen mit ihrem Grafen Georg Hecht im ersten Treffen zusammen mit den Rumänen. Hier gelang es dem Woiwoden Stephan Báthori mit Hilfe des Temescher Grafen Paul Kinisi, die Türken entscheidend zu schlagen.

In den Jahren 1420 – 1493 fielen die Türken mindestens fünfzehnmal in Siebenbürgen ein. Wahrscheinlich sind viele kleinere

Franz Letz: Deutsch-Weißkirch.

Franz Letz: Wurmloch.

Einfälle in den Chroniken gar nicht erwähnt, obwohl gerade diese verheerende Folgen für die Bevölkerung hatten. Die Türken betätigten sich dabei als „Renner und Brenner“: Unvermutet und schnell drangen kleine, berittene Scharen ohne jeden Troß über wenig begangene Gebirgspfade ein, setzten die Dörfer in Brand, raubten Vieh und Menschen und verschwanden wieder auf dem kürzesten Wege. An der Grenze boten sie dann die Menschen gegen hohes Lösegeld an. Wer nicht ausgelöst wurde, kam in die Sklaverei.

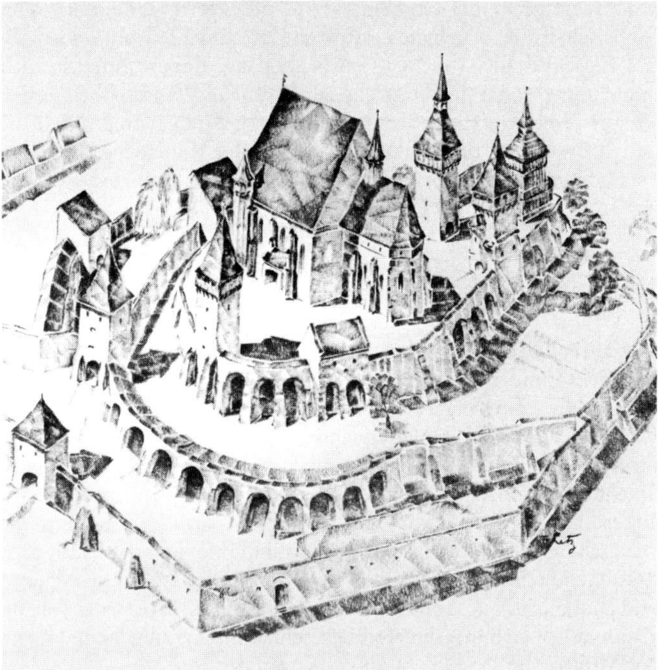

Franz Letz: Birthälm.

Gegen diese unvermuteten Überfälle waren die vom Ort weit entfernten Fliehburgen ungeeignet. Man mußte im Notfall innerhalb weniger Minuten schützende Mauern erreichen können. Deshalb wurden die Kirchen mit einer oder mehreren Mauern und Schutztürmen umgeben und die Kirche selbst als letzte Zuflucht zur Burg umgebaut. Um die Vorräte zu sichern, entstanden Kornkammern innerhalb der Wehrmauern; Speck und Räucherwaren werden z. T. auch heute noch im „Speckturm" der Kirchenburg aufbewahrt.

Die Verluste an Menschen waren im Unterwald und im Miereschtal besonders hoch. Viele Dörfer blieben für immer wüst, wie Weißkirch bei Reußmarkt, Wolkesdorf, Underten oder Sächsisch-Erkes. Auch die zerstörten Orte anderer Stühle, wie z. B. des Leschkircher, blieben jahrzehntelang unbewohnt, so daß manchmmal sogar der alte sächsische Name in Vergessenheit geriet. Da die Volkskraft der Sachsen zu sehr gelitten hatte, waren die neuen Bewohner dieser entvölkerten Dörfer Rumänen, die in den versteckten Gebirgsdörfern durch die Einfälle geringere Verluste hatten.

Die Schlacht bei Mohács (1526) und ihre Folgen

Während der Adel in Ungarn die Stellung des Königs immer mehr schwächte und Eigeninteressen vor das Wohl des Reiches stellte, wurde die Türkengefahr immer größer. 1521 eroberten die Osmanen das wichtige Griechisch-Weißenburg (Belgrad) und mehrere ungarische Grenzfestungen. Die Absicht des Sultans Sülejman (Soliman) II., zum entscheidenden Angriff gegen Ungarn anzusetzen, wurde zwar rechtzeitig bekannt. Die aufgerufene westliche Christenheit leistete aber kaum Hilfe, und dem Aufgebot des jugendlichen Königs Ludwig II. folgte der Adel nur zögernd und unvollzählig. Auch der siebenbürgische Woiwode Johann Zápolya ließ sich mit seinem Heer sehr viel Zeit, zum Sammelplatz bei Mohács an der Donau zu stoßen.

Als am 29. August 1526 die Entscheidungsschlacht ohne das siebenbürgische Heer begann, waren die Truppen Ludwigs II. den Türken weit unterlegen. Sie endete mit der Vernichtung des ungarischen Heeres. Ungarn war den Türken schutzlos preisgegeben. Diese eroberten und plünderten die Hauptstadt Ofen, verwüsteten zwölf ungarische Komitate und zogen sich dann mit angeblich 150.000 Gefangenen zurück.

Der nächste türkische Großangriff kam erst vor den Mauern Wiens zum Stehen (1529); 1532 kamen die Türken bis Güns (Köszeg). Ungarn zerbrach in drei Teile: einen westlichen, einen östlichen und die ungarische Tiefebene, in der die Türken für fast 200 Jahre die Herrschaft ausübten. In der ungarischen Hauptstadt Ofen residierte ab 1541 ein türkischer Pascha.

Zu allem Unglück wurden nach dem Tode Ludwig II. gleich zwei ungarische Könige gekrönt. Nach den bestehenden Verträgen war

Conrad Haas (1529 – 1569), „Königlicher und Kaiserlicher Zeugmeister“ in Hermannstadt. Entwurf, „Wie du solt machen gar schöne Rackette, die da von im selber oben hienauff in die hoch faren“.

Obsessa a Solimanno anno domini 1529

Ferdinand von Habsburg der rechtmäßige Nachfolger. Eine starke Adelspartei wählte aber den Woiwoden von Siebenbürgen, Johann Zápolya, zum Gegenkönig. Dieser huldigte 1529 dem türkischen Sultan und behauptete sich in den unbesetzten Teilen Ost- und Nordostungarns einschließlich Siebenbürgens, während König Ferdinand West- und Oberungarn beherrschte.

Wie verhielten sich die Sachsen in diesen wirren Jahren? Nachdem sie zuerst „König Hans" akzeptierten, entschieden sie sich für den rechtmäßigen König Ferdinand. Träger des Widerstandes gegen Zápolya wurde der Sachsengraf Markus Pemfflinger, dessen Geschlecht aus Schwaben stammte. In Hermannstadt sammelten sich auch die nicht sächsischen Anhänger Ferdinands, der jedoch außer Versprechungen keine Hilfe leisten konnte. Trotzdem hielt ihm Hermannstadt unter größten Opfern bis 1536 die Treue. Gegenspieler Pemfflingers war der Kronstädter Stadtrichter Lukas Hirscher, der als Realpolitiker 1530 die Kronstädter, 1531 auch die übrigen sächsischen Gebiete außer Hermannstadt in das Lager von „König Hans" hinüberzog.

Nach dem Tode Zápolyas huldigten die unschlüssigen Stände sowohl Ferdinand als auch Zápolyas Witwe Isabella und ihrem unmündigen Sohn Johann Sigismund. Die Sachsen hielten wieder zu Habsburg, diesmal unter Führung des Sachsengrafen Petrus Haller, der einer Nürnberger Patrizierfamilie entstammte. Als sich jedoch Ferdinand wieder nicht durchsetzen konnte, akzeptierten sie 1542 den neuen Fürsten.

Im gleichen Jahre erkannte der Siebenbürger Landtag auch formell die türkische Oberhoheit an.

Die Länder der „Ungarn" (Adel), Szekler und Sachsen waren im „Reich" Siebenbürgen autonom. In die inneren Angelegenheiten einer Nation hatten sich die beiden anderen nicht einzumischen, ebensowenig der Landesherr, so lange sie ihren gemeinsamen Verpflichtungen nachkamen.

◁

Vienna obessa Solimane anno domini 1529. Die Belagerung Wiens durch Soliman im Jahr 1529.

Siebenbürgen als Fürstentum unter türkischer Oberhoheit

Nachdem es Ferdinand von Habsburg nicht gelang, seine Ansprüche auf Siebenbürgen durchzusetzen, waren die Türken klug genug, sich nicht in die inneren Angelegenheiten des neuen Fürstentums einzumischen, so lange der Tribut regelmäßig bezahlt und ihre Oberhoheit nicht in Frage gestellt wurde. Sie wollten an ihrer Ostflanke Ruhe haben und sahen Siebenbürgen als Pufferstaat zwischen sich und Habsburg an.

Seit 1526 gaben die Habsburger den Anspruch auf Ostungarn und Siebenbürgen nie auf. Nach König Ferdinand bewog König Rudolf II. in den Jahren 1595 und 1604 Fürst Sigismund Báthori zum Verzicht auf den Thron. Vor 1645 erhob König Ferdinand III. gegen Georg Rákóczi I. Ansprüche, und 1687 kam schließlich das Fürstentum voll unter habsburgische Herrschaft.

Die Sachsen konnten ihre Stellung als ständische Nation behaupten, weil alle Beteiligten auf sie angewiesen waren. Ihr Anteil an den Steuern wurde allerdings laufend erhöht. In Zusammenhang mit den dauernden Unruhen des 17. Jahrhunderts, denen Hungersnöte, Pest- und Choleraepidemien folgten, führte das zu ihrer völligen wirtschaftlichen Auszehrung.

1547 beschlossen die drei Nationen im Landtag, die Lasten des Reiches Siebenbürgen gleichmäßig zu tragen. Wie sah es damit gegen Ende der Fürstenherrschaft aus? Von der Landesfläche und den Bewohnern des Landes gehörte je ein knappes Viertel zum Königsboden. Aus erhaltenen Steuerverzeichnissen wissen wir aber, daß die Sachsen 53 – 58 % der Steuern aufbringen mußten, also mehr als das Doppelte dessen, was ihnen, berechnet an der Landesfläche oder der Bevölkerung, zugestanden hätte.

Die Reformation im Sachsenland; Toleranz in Siebenbürgen

Bereits 1519 brachten Kaufleute Schriften Martin Luthers von der Leipziger Messe mit, und die neue Lehre fand bald Anhänger. Den entscheidenden Schritt vollzog allerdings erst der Humanist

Johannes Honterus (1498 – 1549), der Siebenbürger Humanist und Reformator.

Johannes Honterus (1498 – 1549). Der Magister der Wiener Universität mußte wahrscheinlich 1529 Kronstadt als Anhänger Ferdinands verlassen. Nachdem er in Krakau seine berühmte Cosmographie, 1532 in Basel die erste bekannte Karte Siebenbürgens herausgebracht hatte, kehrte er 1533 nach Kronstadt zurück, gründete eine Buchdruckerei und erneuerte das Gymnasium. Die Reformation des Burzenlandes wurde aufgrund seines Reformationsbüchleins 1542/43 vollzogen. 1547 erschien die von ihm entworfene „Kirchenordnung aller Deutschen in Sybembürgen", die in allen sächsischen Gemeinden Gültigkeit erlangte.

Die beiden ersten Bischöfe der neuen evangelischen Kirche waren zugleich Stadtpfarrer von Hermannstadt: Der aus Laibach stammende Paul Wiener (gewählt 1553), der bereits nach einem Jahr an der Pest starb, und der in Karpfen (Korpona) geborene Mathias Hebler (1556 – 71). Dessen Nachfolger Lukas Ungleich (Unglerus) blieb Pfarrer in Birthälm, das dann fast 300 Jahre lang Sitz des „Sachsenbischofs" war. Mit der Wahl von Unglerus nahm 1572 die evangelische Synode auch das Augsburger Glaubensbekenntnis an.

Die Reformation wirkte sich nicht nur auf das geistliche und geistige Leben der Siebenbürger Sachsen belebend aus; aufgrund der Bestimmungen der neuen Kirchenordnung wurde auch das in den Dörfern in Ansätzen bereits vorhandene Schulwesen neu organisiert, den kirchlichen Bruderschaften neue Aufgaben zugeteilt und die Armenhilfe belebt. Durch Kirchenvisitationen nahmen die kirchliche und politische Leitung Einfluß auf das ganze Leben der Gemeinden.

Druckerzeichen der Kronstädter Druckerei von Honterus.

Der Coetus Honteri beim Ausmarsch, 1938.

Honterus selbst gab dem Kronstädter Gymnasium 1543 eine neue Ordnung, in der bereits eine Schülermitverwaltung durch den Coetus (Organisation der Obergymnasiasten) bis in Einzelheiten festgelegt wurde. Die Coeten bestanden bis zum Beginn des Zweiten Weltkrieges in abgewandelter Form auch in den traditionsreichen Obergymnasien zu Bistritz, Hermannstadt, Mediasch und Schäßburg und wurden auch in dem später gegründeten Hermannstädter Lehrerseminar sowie dem Kronstädter Handelsgymnasium eingeführt, z. T. sogar an Abendhandelsschulen, wie in Hermannstadt, Kronstadt und Schäßburg.

Johannes Honterus war nicht nur Reformator der Siebenbürger Sachsen, sondern auch ein bedeutender Humanist, in dessen Kronstädter Buchdruckerei wichtige Bücher, unter dem Drucker

SENTENTIAE
EX OMNIBVS OPERIBVS
DIVI AVGVSTINI
DECERPTAE.
ANNO. M. D. XXXIX.

Sentenzen des hl. Augustin, 1539

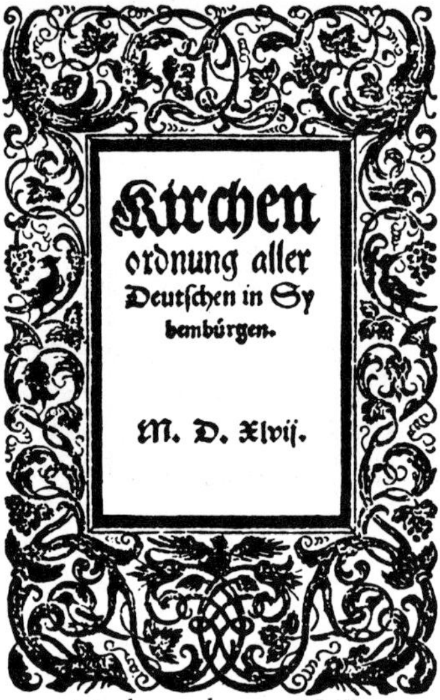
Kirchen
ordnung aller
Deutschen in Sy
benbürgen.
M. D. xlvij.

Kirchenordnung, 1547

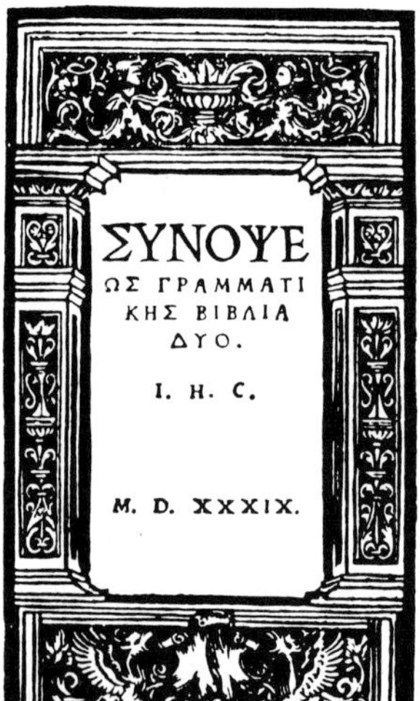
ΣΥΝΟΨΕ
ΩΣ ΓΡΑΜΜΑΤΙ
ΚΗΣ ΒΙΒΛΙΑ
ΔΥΟ.
I. H. C.
M. D. XXXIX.

Griechische Grammatik, 1539

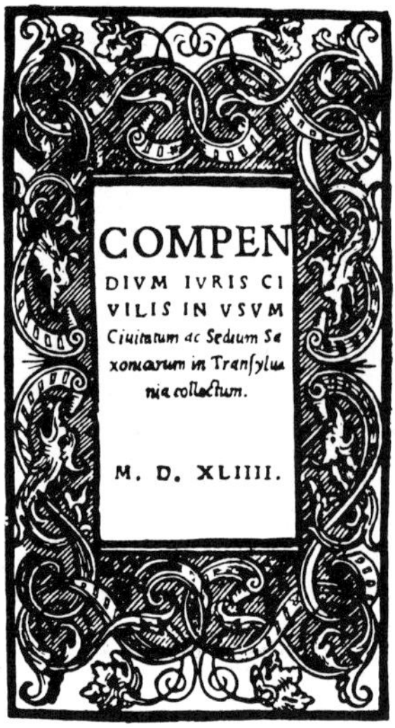
COMPEN
DIVM IVRIS CI
VILIS IN VSVM
Ciuitatum ac Sedium Sa
xonicarum in Transylua
nia collectum.
M. D. XLIIII.

Bürgerliches Recht, 1544

Bücher, die Johannes Honterus in seiner Druckerei in Kronstadt druckte.

Coresi auch solche in rumänischer Sprache, erschienen. Auch in Hermannstadt und Klausenburg, zeitweise auch Weißenburg, wurden Druckereien gegründet; zur Deckung des wachsenden Papierbedarfs entstanden in Kronstadt und Hermannstadt die ersten Papiermühlen.

Der Landtag zu Thorenburg (Turda) beschloß 1557, „daß jeder den Glauben behalten könne, den er wolle, mit neuen und alten gottesdienstlichen Gebräuchen und in Sachen des Glaubens ihrem Gutdünken überlassen, daß geschehe was ihnen beliebt, jedoch ohne Beleidigung irgendjemandes . . .“

Damit wurde erstmals in einem europäischen Land der Grundsatz der religiösen Toleranz, also der religiösen Duldung, ausgesprochen und auch konsequent bis in die Gegenwart durchgehalten! Neben

Die Siebenbürg / so man sunst auch Transsyluaniam nennt.

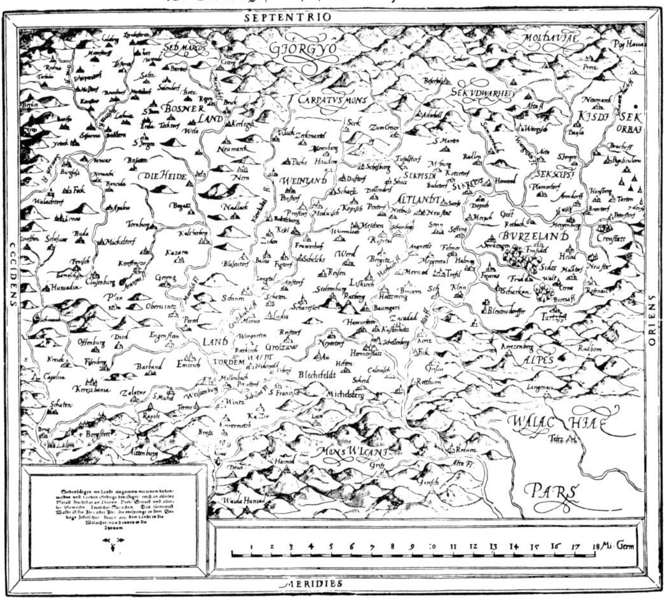

Karte Siebenbürgens aus der Cosmographia von Sebastian Münzer. Basel, um 1595.

der katholischen galten auch die evangelische, reformierte und unitarische Kirche als rezipiert (anerkannt). Die griechisch-orthodoxe Kirche hingegen war nur toleriert (geduldet).

Weil in Siebenbürgen keine Universität bestand, beendeten Studierende ihre Ausbildung in westlichen Ländern. Das galt mit kurzen Unterbrechungen bis 1944. Dadurch blieben die Siebenbürger Sachsen weiterhin allen wichtigen kulturellen und geistigen Strömungen des Westens eng verbunden.

Siebenbürgen wird Teil des Habsburgerreiches

Das 17. Jahrhundert mit seinen inneren Wirren, in die sich auch Türken, Kaiserliche, Tataren, Haiduken, kuruzzische Freischärler, aber auch walachische und moldauische Truppen einmischten und denen Hunger, Pest, Cholera und andere Seuchen auf dem Fuß folgten, war schlimmer als die Zeit in Deutschland während des Dreißigjährigen Krieges (1618 – 48). Viele Orte brauchten Jahrzehnte, bis sie sich z. B. von den Verwüstungen durch die Truppen des österreichischen Generals Basta oder auch Michaels des Tapferen († 1601) erholt hatten. Andere verloren für immer ihre deutsche Bevölkerung.

Im Jahre 1683 zog der türkische Großwezir Kara Mustapha mit einem gewaltigen Heer vor Wien. Erst als erkannt wurde, daß auch Böhmen, Mähren und die übrigen österreichischen Erblande unmittelbar gefährdet waren, gelang es dem Kaiser, eine „Heilige Liga“ mit dem Papst, Venedig und Polen durchzusetzen, deren Heer dann Wien befreien konnte.

Im Gegenangriff, den zunächst Herzog Karl von Lothringen, dann Markgraf Ludwig von Baden – der „Türkenlouis“ – und später Prinz Eugen von Savoyen leitete, gelang es endlich, die Türken entscheidend zu schlagen. 1686 wurde Ofen befreit, ein Jahr später marschierten kaiserliche Truppen in Siebenbürgen ein und im September 1688 fiel die wichtige Festung Belgrad in die Hände der Kaiserlichen.

Am 9. Mai 1688 hatte sich der siebenbürgische Landtag feierlich von der türkischen Oberhoheit losgesagt und das Land Kaiser Leopold I. unterstellt. Nach dem Tode des Fürsten Michael Apafi (1690) nahm Leopold I. auch den Titel eines Fürsten von

Siebenbürgen an und bestätigte im darauffolgenden Jahr im sog. Leopoldinischen Diplom die Landesverfassung einschließlich der Rechte der drei Nationen und der Religionsfreiheit. Dieses Diplom galt als Staatsgrundgesetz bis zum Jahre 1848. Im Frieden von Karlowitz (1699) verzichtete die Türkei endgültig auf die Oberhoheit in Siebenbürgen; Habsburg hatte sich durchgesetzt.

Das Land war auf Reformen dringend angewiesen. Besonders drückend war das Los der Grundhörigen (Jobagyen) und der Pächter und Taglöhner (Sedler) in grundherrlichen Gebieten. Sie wurden durch Frondienste rücksichtslos ausgebeutet. Auch Gewerbe und Handel lagen völlig darnieder.

Obwohl durch das Leopoldinische Diplom dem Lande volle Religionsfreiheit zugesagt worden war, begannen unter Kaiser Karl VI. (1711 – 40) gegenreformatorische Eingriffe. Wegen der bestehenden Landesverfassung kam es zwar zu keiner Verfolgung der Nichtkatholiken, durch einseitige Bevorzugung von Katholiken bei Ämterbesetzungen und durch Anreize zum Übertritt gab es aber zahlreiche Willkürakte und Ungerechtigkeiten.

In den österreichischen Erblanden blieb die evangelische Lehre weiter verboten. In den Jahren 1734 – 36 und dann wieder zwanzig Jahre später kam es zur zwangsweisen Umsiedlung („Transmigration") evangelischer „Landler" aus Österreich nach Siebenbürgen. Sie wurden vor allem in den Gemeinden Großau, Großpold und Neppendorf angesiedelt. Im Zuge der Besiedlung Südungarns durch Deutsche kamen auch evangelische Südbadener nach Siebenbürgen; die meisten fanden im Unterwald eine neue Heimat.

Samuel von Brukenthal (1721 – 1803) Gubernator Siebenbürgens

Um die Mitte des 18. Jahrhunderts wurde ein Siebenbürger Sachse Berater der Kaiserin Maria Theresia und stieg zum höchsten Staatsamt in Siebenbürgen auf, obwohl er evangelisch blieb und bürgerlicher Herkunft war. Sein Vater war als Königsrichter des Leschkircher Stuhles zwar geadelt worden; auf Königsboden war das aber ein Ehrentitel, der keine adligen Vorrechte gewährte. Nach seinen Studien in Halle und Wien wurde Samuel von Brukenthal Beamter der sächsischen Nationsuniversität. Kaiserin Maria

Samuel Freiherr von Brukenthal, 1721 – 1803.

Theresia (1740–80) wurde im Jahre 1753 auf den klug argumentierenden jungen Beamten aufmerksam. Bald war er Provinzialkanzler und Leiter der Siebenbürger Hofkanzlei (1765) in Wien. Als Gubernator von Siebenbürgen, also als Chef der Landesregierung (1774 – 87), mußte er am Ende seiner Laufbahn erleben, wie Kaiser Joseph II. durch überstürzte Reformen sein Lebenswerk wieder gefährdete. Brukenthals Name ist auch dadurch bekannt, daß er seine umfangreichen Sammlungen und sein Vermögen dem Hermannstädter Gymnasium schenkte. Das Brukenthalmuseum mit seiner wertvollen Bibliothek ist auch heute – verstärkt durch weitere Bestände – das reichhaltigste Museum Siebenbürgens.

Jan von Eyck (1390 – 1441): „Der Mann mit der blauen Sendelbinde."

Brukenthal, der einer der besten Kenner der Landesverfassung und Landesgeschichte Siebenbürgens war, sah es als seine Lebensaufgabe an, die Verhältnisse nicht durch Beseitigung, sondern durch Weiterentwicklung des Vorhandenen schrittweise zu verbessern. Zu seinen wichtigsten Leistungen gehört die Schaffung eines gerechteren Steuersystems in Verbindung mit einer Erleichterung der Lasten der Grundhörigen, die sinnvolle Modernisierung der Verwaltung, Verbesserung der wirtschaftlichen Verhältnisse und die Mitwirkung bei der Einrichtung der Siebenbürgischen Militärgrenze (1762 – 1851). Fast ebenso bedeutsam war aber, daß es ihm gelang, so manche gleichmacherische, bürokratische Regelung, die nicht zu den siebenbürgischen Verhältnissen paßte, zu verhindern oder deren negative Auswirkungen abzumildern.

Kaiser Joseph II. versucht die „Revolution von oben"

Der Nachfolger Maria Theresias, Kaiser Joseph II. (1780 – 90), war ein überzeugter Anhänger der Aufklärung, deren Grundsätze er mit absolutistischen Methoden durchsetzen wollte. Innerhalb weniger Jahre wollte er durch Anordnungen von oben alles umkrempeln, was sich in Jahrhunderten entwickelt hatte und nicht zu seinen Auffassungen über einen modernen Staat paßte. Seine Tragik war, daß die Zeit dafür noch nicht reif war. Für Siebenbürgen ordnete er innerhalb weniger Jahre an:

Die Aufhebung der erblichen Leibeigenschaft, verbunden mit einer Neuregelung der grundherrlichen Lasten; die Einführung der deutschen Amtssprache anstelle der toten lateinischen, und zwar aus Gründen der Zweckmäßigkeit und nicht aus nationalistischen Erwägungen; die Aufhebung der ständischen Verfassung und damit auch der sächsischen Nationsuniversität; eine neue Komitatseinteilung ohne Beachtung der bisherigen historischen Grenzen; ein neues Eherecht, eine neue Gerichts- und Strafprozeßordnung; eine allgemeine Volkszählung; die erste Landesvermessung; die Einführung von Kataster und Grundbuch u. v. a.

Da ein geeigneter Beamtenapparat fehlte und vor allem der Adel passiven Widerstand leistete, die übrige Bevölkerung aber manche Anordnung mißverstand, herrschte bald ein unbeschreibliches Durcheinander, obwohl jede einzelne seiner Anordnungen, für sich betrachtet, sinnvoll und zweckmäßig war. Der Kaiser sah sich gezwungen, auf dem Totenbett alle seine Neuerungen mit

Ausnahme des Toleranzedikts für Protestanten und der Aufhebung der erblichen Leibeigenschaft wieder zurückzunehmen und den alten Zustand wieder herzustellen.

Es zeigte sich sehr schnell, daß es nicht mehr möglich war, so zu tun, als habe es diese Anordnungen nicht gegeben, denn sie hatten Auswirkungen. Vor allem die Einführung der deutschen Amtssprache hatte einen immer stärker werdenden ungarischen Nationalismus zur Folge, der sich gegen einen Einheitsstaat wandte.

Der Klausenburger Landtag des Jahres 1792 schaffte das sog. Kuriatvotum ab, nach dem jede der ständischen Nationen nur eine Stimme hatte und von den beiden anderen nicht majorisiert werden konnte. Von nun an zählte jede Einzelstimme. Durch das Einzelstimmrecht gerieten die Vertreter der Sachsen hoffnungslos in die Minderheit. Gegen sie gerichtete Beschlüsse, etwa des die Mehrheit bildenden Adels, konnten sie nur noch durch die Verweigerung des Nationssiegels als letztes Mittel verhindern. Beschlüsse waren nämlich weiterhin nur dann rechtsgültig, wenn sie mit den Siegeln aller drei ständischen Nationen versehen waren. Die Siebenbürger Sachsen hatten damit eine Art Vetorecht, von dem sie in sehr kritischen Situationen auch Gebrauch machten.

Trotz dieses Einzelstimmrechtes war aber der Landtag alles andere als eine demokratische Einrichtung im heutigen Sinne. Die Mehrheit der Bevölkerung – die Rumänen – war in ihm nur durch ihre Bischöfe mit beratender Stimme vertreten.

Für die Sachsen war die Aufhebung der ständischen Verfassung und der Nationsuniversität durch Kaiser Joseph II. ein gewaltiger Schock. Sie stellte nicht nur ihre jahrhundertealte Autonomie in Frage, sondern erschütterte auch ihr bisheriges Selbstverständnis als eine der drei tragenden Säulen der bisherigen Staatsverfassung. Erstmals waren sie, wenn auch nicht mit allen Konsequenzen und nur für kurze Zeit, nur noch eine eigene ethnische und konfessionelle Gruppe. Ihre Bedeutung für das Land basierte nie auf ihrer Zahl, sondern auf ihrer Leistung, die durch historische, verbriefte Rechte abgesichert war und sie zugleich ermöglichte. Deren Aufhebung hätte für das gesamte Land, dessen wirtschaftliches und kulturelles Rückgrat diese Bürger und freien Bauern bildeten, nur Nachteile gebracht.

Die napoleonischen Kriege berührten das Land nicht unmittelbar. An den Abwehrkämpfen der Österreicher waren jedoch auch siebenbürgische Einheiten und sächsische Offiziere beteiligt, wie der Hauptmann Friedrich Hensel, der als „deutscher Leonidas" eine strategisch wichtige Stellung hielt, bis er fiel. An den Befreiungskriegen nahm auch ein von der Nationsuniversität ausgerüstetes und gestelltes sächsisches Jägerbataillon teil.

Tiefgreifender wirkte sich die Ära Metternich mit ihren polizeistaatlichen Methoden aus, die eine allgemeine Unzufriedenheit mit den Zuständen zur Folge hatte und damit auch in Siebenbürgen den Boden für die Revolution des Jahres 1848 vorbereitete.

In den Jahren des „Vormärz" (vor der Märzrevolution 1848) setzte ein reges geistiges und wirtschaftliches Leben ein. Es kam zur Gründung der ersten sächsischen Vereine, wie des Landeskundevereins (1840/42), des Siebenbürgisch-sächsischen Landwirtschaftsvereins (1845) und der ersten Gewerbevereine. 1835 wurde die Kronstädter Allgemeine Sparkasse, 1841 ihre Hermannstädter Schwesteranstalt gegründet, um dem Kapitalmangel im Gewerbe und im Handel abzuhelfen.

Die Revolution des Jahres 1848 und ihre Folgen; Stephan Ludwig Roth

Die wachsende Unzufriedenheit mit den bestehenden Verhältnissen hatte zur Folge, daß die Märzrevolution des Jahres 1848 in kurzer Zeit von Wien auf Ungarn und Siebenbürgen übergriff. Bei den Ungarn kam es zu einer eigenartigen Mischung sozialer Anliegen mit nationalen, ja, nationalistischen und chauvinistischen Forderungen. Im Mai 1848 wurde die Vereinigung Siebenbürgens mit Ungarn proklamiert. Als die Revolutionäre ihre Forderungen immer höher schraubten, kam es im Herbst zum Bürgerkrieg. Rumänen und Sachsen stellten sich auf die Seite der Kaiserlichen. Anfang November 1848 plünderten und brandschatzten Szekler die Stadt Sächsisch-Regen, die sich erst nach Jahrzehnten davon erholte. Kaiser Ferdinand V. mußte nach Innsbruck flüchten und dankte schließlich zu Gunsten von Kaiser Franz Joseph (1848 – 1916) ab.

Im Frühjahr 1849 gelang es den Revolutionären unter General Bem, Siebenbürgen zu erobern. Die Kaiserlichen wurden in die

Stephan Ludwig Roth, 1796 – 1849.

Moldau und Walachei abgedrängt. Sie kehrten mit russischer Hilfe bald zurück. Am 31. Juli 1849 kam es bei Schäßburg zur Entscheidungsschlacht, in der der ungarische Freiheitsdichter Sándor Petöfi fiel und General Bem geschlagen wurde. Am 11. August 1849 dankte der Führer der ungarischen Revolutionäre, Lajos Kossuth, ab und verließ das Land. Zwei Tage später ruhten die Waffen, die Revolution war mit russischer Hilfe niedergeschlagen.

Die überragende Persönlichkeit des Vormärz ist der Meschener Pfarrer Stephan Ludwig *Roth.* (1796 – 1849). Der Tübinger Doktor und Magister, Schüler des großen Schweizer Pädagogen Heinrich

Pestalozzi, hatte durch seine Reden, Schriften und sein Handeln mit großer Eindringlichkeit versucht, seine Landsleute aufzurütteln und zu Reformen zu bewegen. Er machte zukunftsweisende Vorschläge zur Verbesserung des Schulwesens und befaßte sich auch intensiv mit wirtschaftlichen Problemen. Roth ist der geistige Vater des siebenbürgisch-sächsischen Landwirtschaftsvereins, durch den er eine gründliche Verbesserung der inzwischen überholten Dreifelderwirtschaft mit ihrem Flurzwang und der „Flurzerbisselung“ erreichen wollte. Mit Hilfe württembergischer Landwirte, die nicht mehr nur nach Amerika, sondern auch nach Siebenbürgen auswandern sollten, hatte er den Plan, Musterwirtschaften einzurichten. Er redete nicht nur, sondern handelte auch, indem er in Württemberg Einwanderer für Siebenbürgen gewann.

In seinem „Sprachkampf in Siebenbürgen“ nahm Stephan Ludwig Roth auch zu den übersteigerten Forderungen der ungarischen Nationalisten Stellung. Er wies auf die Bedeutung der Rumänen hin und forderte statt der Vorherrschaft einer Sprache das gleichberechtigte Nebeneinander der drei Landessprachen Magyarisch, Rumänisch und Deutsch. Er war kein sächsischer Nationalist, sondern wollte ein friedliches Miteinander aller Landesbewohner Siebenbürgens. – Durch diese Schrift und durch die Ansiedlung von Württembergern wurde er der von den ungarischen Nationalisten meistgehaßte Sachse.

Roth wurde im Frühjahr 1849 verhaftet, in Klausenburg vor ein Standgericht gestellt und am 11. Mai 1849 standrechtlich erschossen. An seine Kinder schrieb er wenige Stunden vor der Hinrichtung:

„. . . Mit meiner Nation habe ich es wohl gemeinet, ohne es mit den anderen Nationen übel gemeinet zu haben . . . Der Nationalkörper ist zerschlagen – ich glaube an keine äußerliche Verbindung der Glieder mehr. Umso mehr wünsche ich eine Erhaltung des Geistes, der einmal in diesen Formen wohnte . . . “

▷

Titelblatt der von St. L. Roth 1842 bei J. Gött in Kronstadt herausgegebenen Abhandlung „Der Sprachkampf in Siebenbürgen“.

Der Sprachkampf in Siebenbürgen.

Eine Beleuchtung des woher und wohin?

Von

Stephan Lüdwig Roth,
Doktor und Magister.

Motto: Der Wind bläset, wo er will, und du hörest sein Sausen wohl, aber du weissest nicht, von wannen er kommt und wohin er fährt. Ev. Joh. 3, 8.

Zweite Auflage.

Hermannstadt.
Druck und Verlag von Jos. Drotleff.
1896.

Preis 20 kr. ö. W.

Der Hermannstädter Landtag (1863)

Nach der zweiten Zerschlagung der Nationsuniversität im Jahre 1848 gelang es tatsächlich nicht mehr, deren Funktion wieder voll herzustellen. Erst 1854 wurde der Belagerungszustand aufgehoben. 1861 wurde durch das sog. Februarpatent eine neue, zentralistische Verfassung für das Kaiserreich Österreich erlassen. Siebenbürgen blieb weiterhin Kronland.

Die Sachsen hatten die Zeichen der Zeit erkannt. Bereits am 3. April 1848 hatte die Nationsuniversität die volle nationale Gleichberechtigung der Rumänen auf Königsboden beschlossen. Die Sachsen fühlten sich nun nicht mehr als ständische Nation, sondern als ethnische und konfessionelle Gruppe, der sie auch die Sachsen des ehemaligen Komitatsbodens voll zurechneten.

Der 1863 von Kaiser Franz Joseph nach Hermannstadt einberufene Landtag wurde von Ungarn und Szeklern boykottiert. Die rumänischen und sächsischen Landtagsabgeordneten erarbeiteten zukunftsweisende Vorschläge. Das von ihnen beratene Gesetz über die gleichberechtigte öffentliche Verwendung der drei Landessprachen Magyarisch, Rumänisch, Deutsch wurde am 5. Januar 1865 erlassen.

Schon nach kurzer Zeit waren diese vielversprechenden Anfänge hinfällig: Der preußisch-österreichische Krieg des Jahres 1866 führte zum Verlust der Vormachtstellung Österreichs in Deutschland und Italien. Mit den Ungarn mußte 1867 ein „Ausgleich" durch Schaffung der Doppelmonarchie Österreich-Ungarn gefunden werden. Der Kaiser von Österreich war danach zugleich König von Ungarn. Außer einigen gemeinsamen Einrichtungen, wie dem Heer und der Vertretung nach außen, galt Ungarn mit Siebenbürgen, Kroatien, Slawonien und Fiume als eigenes Königreich. Mit diesem Ausgleich hörte Siebenbürgen auf, als eigene staatliche Einheit zu bestehen.

Siebenbürgen als Teil Ungarns (1867 – 1918)

Im neuen Königreich Ungarn betrug der Anteil der magyarischen Volkszugehörigen (einschließlich der Szekler) nur etwa 40 %; sie hatten zwar die relative, nicht jedoch die absolute Mehrheit. Die stärksten Minderheiten bildeten die Rumänen, Slowaken, Deutschen, Kroaten, Serben und Ruthenen, neben einer großen Anzahl kleinerer ethnischer Gruppen. Alle Ungarn empfanden ihre kleine Zahl als Gefährdung „ihres“ Staates. Deshalb versuchten sie konsequent, Angehörige anderer Volkstümer zu sich hinüberzuziehen, ihnen die ungarische Sprache aufzudrängen, sie zu magyarisieren. Beamte, die ihren Namen durch einen magyarisch klingenden ersetzten, wurden bevorzugt befördert oder eingestellt, das Magyarische war alleinige Staatssprache. Diejenigen Staatsangehörigen, die sich zu einer anderen Volkszugehörigkeit bekannten, waren zwar nicht durch das Gesetz, aber tatsächlich diskriminiert. Durch ein besonderes Gesetz wurde es möglich, die nicht magyarisch klingenden Ortsnamen durch neue zu ersetzen. Der in Gebieten mit starken ethnischen Minderheiten oder Mehrheiten gesetzlich mögliche Gebrauch der Muttersprache vor Behörden und vor Gerichten wurde zielbewußt eingeschränkt u. a. m.

Einsichtige Ungarn erkannten zwar, daß eine Diskriminierung des größeren Teils der Bevölkerung langfristig die Existenz des Staates selbst gefährdete. 1914 versuchte eine neue Regierung auch, einen liberaleren Kurs einzuschlagen. Es war aber dafür bereits zu spät: im gleichen Jahr begann der Erste Weltkrieg, an dessen Ende die Auflösung des „Reiches der Heiligen Stephanskrone“ (Ungarns) stand.

Der extreme ungarische Nationalismus führte unter den Minderheiten zu entsprechenden Gegenreaktionen. Sie kämpften nicht nur im ungarischen Reichstag verbissen gegen die Magyarisierung, sondern begannen auch selbst immer nationalistischer zu denken und zu handeln. Eine Lösung ihrer nationalen Probleme erschien ihnen nicht mehr in einem Vielvölkerstaat unter einem Habsburger als Kaiser und König möglich, sondern nur in einem eigenen Staat oder in der Vereinigung mit einem Nachbarstaat eigener Nation. Die Rumänen Siebenbürgens sahen immer mehr die Vereinigung mit dem aus der Union von Moldau und Walachai entstandenen Königreich Rumänien als einzige Lösung.

Die Siebenbürger Sachsen waren bis 1867 eine der staatstragenden Nationen Siebenbürgens mit einer eigenen Gebietskörperschaft, der Nationsuniversität, gewesen. Nun waren sie plötzlich eine „Minderheit". Auch sie sahen sich immer weniger durch den Kaiser und König repräsentiert, der zwar deutsch sprach, die Magyarisierung aber nicht verhindern konnte und im übrigen Herrscher über einen Vielvölkerstaat war, in dem der deutsche Einfluß immer mehr zurückging. Preußen gründete 1871 das Deutsche Reich unter eigener Vorherrschaft, zu dem Österreich nicht mehr gehörte. Je stärker die Ungarn die Magyarisierung und Unterdrückung der übrigen Völker betrieben, um so mehr fühlten auch die Sachsen sich nicht mehr als eigene „Nation", sondern als ein Stamm der deutschen Kulturnation, auch wenn sie im Gegensatz zu den Rumänen nie mit der politischen Zugehörigkeit zu einem deutschen Staat rechnen konnten. Sie gewöhnten sich an die Doppelrolle, einerseits treue, loyale Bürger ihres „Vaterlandes" zu sein, andererseits sich aber geistig und kulturell nach dem deutschen „Mutterland" zu richten (und dabei aus der Entfernung auch so manches zu idealisieren).

Die Aufhebung des Königsbodens (1876)

Im Gesetz über die Vereinigung Siebenbürgens mit Ungarn (1868) wurden die bisherigen Gebiete der drei ständischen Nationen aufgelöst, die sächsischen Stühle und Distrikte blieben aber zunächst als Verwaltungseinheiten weiter bestehen. Die Selbstverwaltungsrechte und Rechtsangelegenheiten des Königsbodens und der Nationsuniversität sollten in einem besonderen Gesetz geregelt werden.

Die Siebenbürger Sachsen versuchten zunächst, eine Erhaltung ihrer Autonomie zu erreichen, zu der im Nationalprogramm des 1. Sachsentages in Mediasch konkrete Vorschläge gemacht wurden. Das dann 1876 erlassene Gesetz brachte die Zerschlagung ihrer jahrhundertealten Autonomie: Das Gebiet der Nationsuniversität wurde auf die neu geschaffenen Komitate aufgeteilt. Die Nationsuniversität wurde in eine öffentliche Stiftung umgewandelt. Sie hatte nur noch die Aufgabe, das umfangreiche Vermögen der Nationsuniversität und der Sieben Stühle (auch Siebenrichter) zu verwalten und die Erträge auf die kulturellen Einrichtungen aller Bewohner des ehemaligen Königsbodens zu verteilen.

Die Stiftung Nationsuniversität verlor schließlich im Zuge der ersten rumänischen Agrarreform (1921) ihre umfangreichen Waldungen und die unbebauten Grundstücke. Damit entfiel eine wichtige Finanzierungsquelle für das deutschsprachige Schulwesen, vor allem für die Gymnasien und die übrigen Höheren Schulen. 1937 wurde sie auch formal aufgehoben. Die evangelische Kirche wurde Eigentümerin des Nationalarchivs, der Ackerbauschule Mediasch und einiger historisch wichtiger Gebäude in Hermannstadt; die orthodoxe Kirche erhielt die übrigen bebauten Grundstücke.

Auch nach 1876 blieb die Kirche voll intakt und das von ihr getragene Schulwesen wurde planmäßig weiter ausgebaut. Die „Ecclesia Dei nationis Saxonicae" – die Kirche Gottes sächsischer Nation – wie sie schon im 16. Jahrhundert hieß, wurde alleiniges Symbol der Einheit der Siebenbürger Sachsen, die durch den Sachsenbischof repräsentiert wurde. Ihre Pfarrer und Lehrer waren nicht nur Träger des geistigen und kulturellen Lebens, sondern auch die wichtigsten Mitarbeiter in wirtschaftlichen Vereinigungen, wie dem Landwirtschaftsverein oder den genossenschaftlichen Verbänden; auch in den Aufsichtsräten der Banken war ein Pfarrer keineswegs eine ungewohnte Erscheinung. Vor allem die Bischöfe Georg Daniel *Teutsch* (1817 – 1893) und Friedrich *Teutsch* (1852 – 1933) und mit ihnen mehrere Generationen von Pfarrern fühlten sich nicht nur als kirchliche Amtsträger, sondern zugleich auch als Führer der Sachsen.

Nach der Aufhebung der politischen Autonomie auf dem Königsboden war die Folge nicht Resignation, sondern eine Aktivierung des kulturellen, politischen und wirtschaftlichen Lebens im Sachsenland. Bereits 1850 erschien die erste Lieferung der „Geschichte der Siebenbürger Sachsen für das sächsische Volk" von Georg Daniel Teutsch, die sein Sohn Friedrich Teutsch fortsetzte. Sie war nicht nur eine große wissenschaftliche Leistung, auf die wir noch heute zurückgreifen müssen, sondern sollte durch die Darstellung der eigenen Geschichte auch das Selbstwertgefühl ihrer Leser stärken. Sie war aufgrund eines Preisausschreibens des Vereins für Siebenbürgische Landeskunde entstanden, der wegen des Fehlens einer eigenen Universität die Aufgabe einer Akademie der

Denkmal für Bischof Georg Daniel Teutsch (1817 – 1893) in Hermannstadt.

Wissenschaften übernahm. Führende Tageszeitung war das „Siebenbürgisch-Deutsche Tageblatt“ (1868 – 1944).

In wirtschaftlicher Hinsicht galt Siebenbürgen in der Habsburger Monarchie als entfernte Agrarprovinz. Zum Schutz des ungarischen Großgrundbesitzes wurden Getreidezölle eingeführt. Aus diesem Grunde kam es 1886 – 89 zum sog. Zollkrieg mit Rumänien.

Dadurch kam der für Gewerbe und Handwerk lebenswichtige Export der sächsischen Städte und Märkte in dieses Land zum Erliegen. Eine schwere Wirtschaftskrise war die Folge. Sächsische Unternehmer wichen aus, indem sie im rumänischen Prahovatal eine Reihe blühender Industriebetriebe gründeten.

Unter den verarmten Handwerkern und Kleinbauern setzte eine Auswanderungswelle ein, die zunächst Altrumänien, später vor allem die Vereinigten Staaten von Nordamerika zum Ziele hatte. Sie nahm in einigen Dörfern ein solches Ausmaß an, daß vor 1914 zeitweise mehr als 10 Prozent ihrer sächsischen Bevölkerung vorübergehend oder auf Dauer in Übersee lebten.

Dr. Karl *Wolff* erkannte, daß es darauf ankam, vor allem die wirtschaftliche Basis zu verbessern; dann verrringere sich auch das Auswanderungsproblem. Dazu war vor allem Kapital erforderlich. Er baute deshalb nicht nur die von ihm geleitete Hermannstädter Allgemeine Sparkasse zu einem über Siebenbürgen hinaus wirksamen Kreditinstitut als Hypothekenbank aus, deren Papiere auch in Wien und Budapest gefragt waren, sondern bemühte sich auch um neue Eisenbahnlinien und um die Elektrifizierung Hermannstadts. Daneben regte er den Bau einer Straßenbahn an, ließ Pläne zur Schiffbarmachung des Altflusses ausarbeiten u. a. m.

Das wichtigste Werk Karl Wolffs war die Schaffung schlagkräftiger Raiffeisengenossenschaften sowie die Gründung von Konsumvereinen. Darüber hinaus gründete er zusammen mit dem Landwirtschaftsverein und der Bodenkreditanstalt in Hermannstadt die „Vereinsbank", um Aufgaben der Inneren Kolonisation zu übernehmen. Bis zum Beginn des Ersten Weltkrieges erwarb diese in über zwanzig Gemeinden auf früherem Komitatsboden Adels-Güter, die sie dann parzelliert an Kleinbauern weiterverkaufte oder als Neubauernstellen vergab.

Um die Förderung der Landwirtschaft machte sich vor allem der Siebenbürgisch-sachsische *Landwirtschaftsverein* unter dem Vorsitzenden Josef *Bedeus von Scharberg* (1829 – 1901) verdient. Auf seine Initiative hin hatte 1871/72 die Nationsuniversität die Trägerschaft der Ackerbauschulen in Mediasch, Bistritz und Marienburg übernommen. Das vom Landwirtschaftsverein herausgegebene Wochenblatt, die „Landwirtschaftlichen Blätter für Siebenbürgen", war in Siebenbürgen, später in ganz Rumänien das Fachblatt mit der höchsten Auflage (etwa 13.000). Die Wanderlehrer des Vereins

Josef Bedeus von Scharberg, 1829 – 1901.

sorgten durch Kurse und Vorträge für eine zeitgemäße Landbewirtschaftung und setzten sich vor allem für die Kommassation (Flurbereinigung) ein, die bis zum Ersten Weltkrieg in drei Vierteln aller sächsischen Gemeinden verwirklicht wurde. Wenn man bedenkt, daß in der Bundesrepublik Deutschland noch 1955 die Hälfte der landwirtschaftlichen Nutzfläche als bereinigungsbedürftig galt, kann man diese Leistung erst würdigen. Auch die existenzbedrohende Verseuchung der Weinberge durch die Reblaus konnte durch zügige Umstellung auf reblaussichere Unterlagen unterbunden werden.

Vor dem Ersten Weltkrieg setzte eine, wenn auch bescheidene Industrialisierung ein; Gewerbe und Handel konnten sich eine solide wirtschaftliche Basis schaffen. Die sich aus der Aufhebung der Autonomie auf dem Königsboden ergebende Gefahr war durch neue Aktivitäten überwunden, auch wenn der ungarische Chauvinismus Kräfte band.

Siebenbürgen als Teil des Königsreichs Rumänien

Bei Beginn des Ersten Weltkrieges verhielt sich Rumänien zunächst neutral, erklärte dann aber zwei Jahre später überraschend Österreich-Ungarn den Krieg und besetzte Südsiebenbürgen. Im Gegenangriff überschritten die Truppen der Mittelmächte bald die Karpaten und eroberten Bukarest und die Walachei, ohne eine Kriegswende herbeiführen zu können. Am 3. November 1918 war Österreich-Ungarn gezwungen, einen Waffenstillstand mit den Westmächten abzuschließen; die Donaumonarchie begann sich aufzulösen.

Am 1. Dezember 1918 erklärte die Nationalversammlung der Rumänen Siebenbürgens, des Banats, des Kreischgebietes und der Maramuresch in Karlsburg-Weißenburg den Anschluß an Rumänien. Den nationalen Minderheiten wurde eine Autonomie und weitgehende Berücksichtigung ihrer Belange in den Karlsburger Beschlüssen dieser Nationalversammlung zugesagt.

Aufgrund dessen folgte am 8. Januar 1919 die Mediascher Anschlußerklärung der Siebenbürger Sachsen als der ersten Minderheitengruppe. Auf dem 1. Sachsentag am 6. November 1919 in Schäßburg wurden die Wünsche an den neuen Staat im einzelnen formuliert. Sprecher war Rudolf *Brandsch,* der schon als Abgeordneter im ungarischen Reichstag enge Kontakte zu rumänischen Politikern und zu den Schwaben unterhalten hatte.

Schon vorher hatten sich alle deutschen Siedlungsgebiete des neuen Vaterlandes zum Verband der Deutschen in Rumänien zusammengeschlossen: außer den Siebenbürger Sachsen und

Artur Freiherr Arz von Straussenburg, der letzte Chef des Generalstabes der Donaumonarchie.

Banater Schwaben auch die Sathmarer Schwaben, die Deutschen der Bukowina (die bis 1918 österreichisches Kronland war), diejenigen aus Altrumänien und der Dobrudscha, später auch die Bessarabiendeutschen, die früher zu Rußland gehörten. Zu Beginn des Zweiten Weltkrieges gab es in Rumänien fast 800.000 deutsche Volkszugehörige.

Im Interesse der vielen neuen ethnischen Minderheiten schlossen die Westmächte mit Jugoslawien, Österreich, Rumänien, Polen, der Tschechoslowakei und Ungarn Minderheiten-Schutzverträge ab, deren Einhaltung ein Ausschuß des Völkerbundes überwachen sollte. Dieser ist hinsichtlich Rumäniens mehrfach tätig geworden. Den Szeklern und Sachsen sollte nach dem Friedensvertrag und dem genannten Abkommen eine kulturelle Gruppenautonomie gewährt werden. Die evangelische Kirche erhielt zwar eine Schulautonomie. Zu einer ausdrücklichen Kulturautonomie und der Anerkennung des Verbandes der Deutschen in Rumänien als Körperschaft des öffentlichen Rechts kam es allerdings erst 1940 auf Druck des Deutschen Reiches. Weil die Zusagen der Karlsburger Beschlüsse nicht gehalten wurden, lehnten die deutschen Abgeordneten konsequenterweise die rumänische Verfassung des Jahres 1923 ab.

Bald wurden „Minderheitler" aus den Behörden und Magistraten verdrängt und durch „Regatler" aus dem rumänischen Altreich ersetzt. Nach vielversprechenden Anfängen machte sich ein Chauvinismus breit, der sich in vieler Hinsicht nur dadurch von dem bis dahin gewohnten unterschied, daß die Anweisungen aus Bukarest und nicht mehr aus Budapest kamen. Einen wesentlichen Unterschied gab es allerdings: Mit zwei Dritteln der Bevölkerung Siebenbürgens und drei Vierteln der Gesamtbevölkerung bildeten die Blutsrumänen zweifellos die Landesmehrheit. Im Gegensatz zu den Ungarn hatten sie es nicht nötig, fremde Völker zu assimilieren.

Der sächsische Senator, Bischofsvikar D. Dr. Adolf *Schullerus*, rief großen Widerspruch, dann Erstaunen und Nachdenken hervor, als er im rumänischen Senat nationale Forderungen verlas und erst am Schluß erklärte, daß es sich um die Beschlüsse der rumänischen Nationalkonferenz vom Jahre 1905 in Hermannstadt handle.

Den Höhepunkt chauvinistischer Bestrebungen bildete ein Gesetzentwurf, wonach in Gewerbe und Industrie ein Mindestanteil von Blutsrumänen beschäftigt werden sollte. Dieser „Numerus Valachicus" wurde allerdings fallengelassen, als 1937 beim Völkerbund Einspruch eingelegt wurde.

Schon in den Karlsburger Beschlüssen war eine umfassende Agrarreform proklamiert worden. Im Gegensatz zum rumänischen Altreich kamen in den früher zu Ungarn gehörigen Teilen Großrumäniens zu den sozialen auch nationale Gründe hinzu. Die Bestimmungen unterschieden sich deutlich voneinander.

Unter den Sachsen gab es nur wenige größere Grundeigentümer. Deshalb waren die den sächsischen Privatpersonen enteigneten Flächen auch nicht sehr erheblich. Um so schlimmer erging es den sächsischen Körperschaften und Stiftungen. Die Nationsuniversität verlor mit einem Schlag ihren großen Grundbesitz, vor allem die vorbildlich bewirtschafteten Siebenrichter-Waldungen. Die Kirchengemeinden durften höchstens 32 Kat.-Joch (18,4 ha) behalten. Damit verlor die evangelische Kirche 55 % ihres Landbesitzes. Auch die sächsischen Gemeinden wurden hart betroffen. In den Dörfern des früheren Königsbodens machte die Gemeinerde

(Allmende), die ihrem Wesen nach nicht Gemeinde-, sondern Gemeindegliedervermögen darstellte – aber bei der Agrarreform nicht so behandelt wurde –, im Durchschnitt bis zur Hälfte der Gesamtgemarkung aus. Sie war ein wichtiger Teil der Ertragsbasis der Kleinbetriebe. Auch davon wurden große Flächen enteignet. Die Gesamtdaten wurden zwar nicht veröffentlicht; wir wissen aber, daß z. B. die Gemeinden Großau, Heltau und Talmesch 57 % ihres Gemeinbesitzes verloren.

Mit der Enteignung des Gemeinschaftsbesitzes wurde nicht nur die wirtschaftliche Basis der bäuerlichen Kleinbetriebe geschmälert; es fehlten vor allem die Einnahmen zur Deckung der Ausgaben für das deutschsprachige Schulwesen. Deshalb mußten die Schul- und Kirchensteuern empfindlich angehoben werden; sie waren nun in der Regel höher als die direkten Steuern des Staates!

Den Gemeinschaftseinrichtungen der Siebenbürger Sachsen kamen auch weitere wichtige Einkünfte nicht mehr zugute. Vor allem jene der sächsischen Banken, die satzungsgemäß mindestens 10 % ihres Gewinns – in der Regel erheblich mehr – gemeinnützigen Einrichtungen spendeten. Durch einen ungünstigen Währungsumtausch, die Zeichnung hoher Staatsanleihen, die mit einem Schlag nur noch Altpapierwert hatten, und eine Inflation verloren sie ihre gesamten Reserven. Der nächste Schlag kam durch die Weltwirtschaftskrise mit ihren Zusammenbrüchen und späteren Umschuldungsaktionen. Durch diese Entwicklung hatten die sächsischen Banken trotz großer Fusionen nur noch einen Bruchteil ihrer früheren wirtschaftlichen Bedeutung.

Das wiederum wirkte sich auf die gesamte Wirtschaft der Siebenbürger Sachsen äußerst ungünstig aus; es kam zu einem chronischen Kapitalmangel bei schlechter Auftragslage. Die Situation verbesserte sich erst kurz vor Beginn des Zweiten Weltkrieges, vor allem durch einen deutsch-rumänischen Wirtschaftsvertrag.

Die sächsische Landwirtschaft hatte nicht nur die Agrarreform mit ihren Unsicherheiten zu verkraften; auch die Kommassationen (Flurbereinigungen) wurden eingestellt. Die sächsischen Landwirte wurden von den Ausfuhrsperren bis zur Mitte der zwanziger Jahre, durch die sie von alten Märkten verdrängt wurden, am härtesten betroffen. Nach einer kurzen Erholungszeit brachen die Agrarpreise als Folge der Weltwirtschaftskrise zusammen. Geld war

Heinrich Zillich, 1898 – 1988.

in den kleinbäuerlichen Betrieben so knapp, daß nur die allernötigsten Ersatzinvestitionen getätigt werden konnten und zum Beispiel Zucker ein Luxusartikel wurde. Die landwirtschaftliche Umschuldung kam vor allem Großbetrieben zugute, so daß sich die wirtschaftliche Lage der Kleinbetriebe erst ab 1939 besserte.

Auf kulturellem Gebiet entwickelte vor allem die Generation der Kriegsteilnehmer neue Aktivitäten. Leiter des Kulturamtes des Verbandes der Deutschen in Rumänien mit Sitz in Hermannstadt wurde Dr. Richard *Csaki.* Er gab die Zeitschrift „Ostland" heraus; für seine Sommer-Hochschulwochen gelang es ihm regelmäßig, bekannte Persönlichkeiten auch aus dem „Reich" zu gewinnen. 1933 wurde er als Leiter des Deutschen Auslandsinstituts nach Stuttgart berufen. Heinrich *Zillich* sammelte um seine Zeitschrift „Klingsor" vor allem die literarisch Interessierten. Die Schriftsteller Adolf *Meschendörfer* (Die Stadt im Osten, Der Büffelbrunnen), Erwin *Wittstock* (Bruder nimm die Brüder mit) und Heinrich *Zillich* (Zwischen Grenzen und Zeiten, Siebenbürgische Flausen und Flunkereien) wurden im ganzen deutschen Sprachraum bekannt und ihre Bücher erreichten hohe Auflagen. Ab 1930 wandelte Karl Kurt *Klein* das Korrespondenzblatt des Landeskundevereins in die

Klingsor

SIEBENBÜRGISCHE ZEITSCHRIFT

HERAUSGEBER HEINRICH ZILLICH
SCHRIFTLEITER HARALD KRASSER

14. Jahr | April 1937 | Heft 4

Inhalt:

Johann Wolff. Skizze meines Lebens / Bernhard Capesius. Rasse und Sprache in ihrer Bedeutung für das Volkstum / Fritz Holzträger. Wort, Sprache, Volk / Gustav Barthmes. Die sprachliche Gefährdung des Bukarester Streudeutschtums / Wilhelm Klein. Die Liquidierung des sächsischen Nationalvermögens / Rundschau: Deutsches Volksempfinden — Das siebenbürgisch-sächsische Wörterbuch — Die siebente Berliner Dichterwoche — St. L. Roth-vorträge Otto Folberths / Neue Bücher und Schriften

Mitteilungen der Schriftleitung

Bildbeilagen: Josef W. Strobach, Drei Gemälde

LANI

Titelseite der von Heinrich Zillich von 1924 – 1939 in Kronstadt herausgegebenen kulturpolitischen Zeitschrift „Klingsor“.

„Siebenbürgische Vierteljahrsschrift" um und schuf damit eine geisteswissenschaftliche Zeitschrift hohen Niveaus.

Die unbefriedigenden wirtschaftlichen Verhältnisse führten zu einer „Unzufriedenenbewegung", die nur langsam abflaute. Die rumäniendeutschen Abgeordneten unter Führung von Dr. Hans Otto *Roth* versuchten, wie schon früher in Ungarn, politische Ziele durch Zusammengehen mit den Regierungsparteien durchzusetzen. Fritz *Fabritius* gründete Mitte der zwanziger Jahre die „Selbsthilfe" als Bausparkasse, mit der er auch sozialreformerische und nationale Ideen durchsetzen wollte. Aus ihr entstand die „Erneuerungsbewegung". Dem Führer des „Südostdeutschen Wandervogels", Dr. Alfred *Bonfert*, gelang es, ab 1931 durch Sommer-Arbeitslager breite Kreise der städtischen Jugend zu gewinnen, die sich der Erneuerungsbewegung anschlossen. Diese errang auf dem 5. und letzten Sachsentag 1933 in Hermannstadt die Mehrheit und näherte sich der in Deutschland inzwischen an die Macht gekommenen Nationalsozialistischen Partei. Die ungünstigen wirtschaftlichen Verhältnisse Rumäniens begünstigten eine politische Radikalisierung.

Im Jahre 1935 kam es zu einer Spaltung der Erneuerungsbewegung in einen gemäßigten Flügel unter *Fabritius* und eine radikale Gruppe unter *Bonfert*, *Gust* und *Scheiner*. In diese innere Auseinandersetzung griff auch die Kirchenleitung durch ein Rundschreiben ein. 1938 wurden Fabritius und Bonfert nach Berlin zitiert und veranlaßt, in Deutschland zu bleiben. Gleichzeitig ordnete Berlin eine Einigung der beiden Gruppen an.

Damit begann eine gefährliche Entwicklung. Erstmals mischten sich reichsdeutsche Stellen in die inneren Angelegenheiten der Deutschen in Rumänien, also nichtdeutscher Staatsangehöriger, ein und spielten den Schiedsrichter. Dieser Einfluß verstärkte sich und war geeignet, einen Loyalitätskonflikt zum Heimatstaat herbeizuführen. Diese Loyalität gegenüber dem rumänischen Staat hat jedoch – von einigen Heißspornen abgesehen – nie ernsthaft in Frage gestanden und ist von rumänischer Seite auch nicht bezweifelt worden.

Der Zweite Weltkrieg

Am 1. September 1939 begann der Zweite Weltkrieg. Rumänien blieb zunächst unberührt. Bereits im Juni 1940 stellte aber die Sowjetunion Rumänien ein Ultimatum: Innerhalb einer kurzen Frist mußte es Bessarabien und die Nordbukowina räumen und an die UdSSR abtreten. Die dort lebenden deutschen Volkszugehörigen wurden ins Deutsche Reich umgesiedelt, anschließend auch die Deutschen der Südbukowina, der Dobrudscha und des rumänischen Altreichs.

Am 30. August 1940 fällten der deutsche und der italienische Außenminister auf Ansuchen der rumänischen und der ungarischen Regierung den sog. 2. *Wiener Schiedsspruch,* nachdem die beiden Staaten ab 1938 Truppen an ihren Grenzen konzentriert hatten. Siebenbürgen wurde geteilt: Nordsiebenbürgen mit dem sog. Szeklerzipfel fiel an Ungarn und damit auch das Nösnerland, das Reener Ländchen, Klausenburg und die Sprachinsel der Sathmarer Schwaben. Mittel- und Südsiebenbürgen mit der größten Gruppe der Sachsen blieben bei Rumänien. Gleichzeitig schloß die Reichsregierung mit Rumänien und Ungarn Abkommen zum Schutze der deutschen Volksgruppen ab.

In Rumänien dankte König Karl II. am 6. September 1940 zu Gunsten seines Sohnes Michael ab, Marschall Antonescu wurde Staatsführer. Wenig später kamen deutsche „Lehrtruppen" ins Land. Durch das rumänische Volksgruppengesetz vom 20. November 1940 wurde der deutschen Volksgruppe der Status einer Körperschaft des öffentlichen Rechts verliehen. Volksgruppenleiter Dr. Wolfram *Bruckner* wurde durch den ganz auf Berlin eingeschworenen Andreas *Schmidt* ersetzt, der Sitz der Volksgruppenführung von Hermannstadt nach Kronstadt verlegt und die meisten der bisher ehrenamtlichen durch hauptamtliche Amtswalter ersetzt. Der evangelische Bischof Dr. Viktor *Glondys* trat zurück. Sein Nachfolger Wilhelm *Staedel,* der aus der „Erneuerungsbewegung" kam, mußte 1945 sein Amt niederlegen.

Im Jahre 1941 trat Rumänien an der Seite Deutschlands in den Krieg gegen Rußland ein. In seinen Einheiten kämpften auch deutsche Volkszugehörige. Ein rumänisches Gesetz über das deutschsprachige Schulwesen übertrug die (in Siebenbürgen nicht vorhandenen) Staatsschulen mit deutscher Unterrichtssprache dem

Marschall Antonescu trifft zu Besprechungen im Führerhauptquartier ein, der deutsche Außenminister von Ribbentrop empfängt den rumänischen Staatschef.

neu eingerichteten Schulamt der deutschen Volksgruppe. Die Konfessionsschulen wurden aufgrund von Verträgen mit den Kirchen dem Schulamt der Volksgruppe übergeben. Die politische, kulturelle und wirtschaftliche Organisation der Volksgruppe wurde nach reichsdeutschem Vorbild „gleichgeschaltet".

Wie sah es zur gleichen Zeit in Nordsiebenbürgen aus? Hier galt es zunächst zu klären, ob die im Wiener Schiedsspruch erwähnte Umsiedlung der Deutschen ernst zu nehmen war. Sie unterblieb.

Die sächsischen Organisationen der nun ungarisch gewordenen Gebiete hatten ihre Zentralen in Hermannstadt, wichtige Einrichtungen blieben in Südsiebenbürgen und mußten zum Teil für Nordsiebenbürgen neu begründet werden. Auf kirchlichem Gebiet wurde der Dechant des Bistritzer Kirchenbezirkes, Dr. Carl *Molitoris,* Generaldechant mit bischöflichen Befugnissen für die abgetrennten kirchlichen Einrichtungen. In Sächsisch-Regen wurde eine neue Lehrer(innen)bildungsanstalt eingerichtet, die auch Schüler aus anderen Gebieten Ungarns besuchten. Die Schulen blieben in Nordsiebenbürgen konfessionell. Nordsiebenbürgen war nun ein „Gebiet“ des Volksbundes der Deutschen in Ungarn, dem bald unter der Leitung von Robert *Gaßner* auch die Sathmarer und Munkatscher Sprachinseln zugehörten.

Im Februar 1942 schloß die Reichsregierung mit Ungarn ein zwischenstaatliches Abkommen ab, durch das im Beisein ungarischer Honvédoffiziere deutsche Volkszugehörige zum Dienst in der Deutschen Wehrmacht (Waffen-SS) gemustert wurden. Die Aktion war offiziell freiwillig, der Druck in den Gemeinden aber so groß, daß sich der Musterung kaum jemand entzog, zumal die Wehrpflichtigen vor der Entscheidung standen, entweder in einer Wehrmacht zu dienen, deren Kommandosprache die meisten nicht verstanden, oder statt dessen deutsche Verbände zu wählen. Dieses Abkommen wurde zweimal erneuert und erweitert.

In Rumänien galt zunächst der Grundsatz, die rumänische Armee dürfe nicht durch Rekrutierungen für die deutsche Wehrmacht geschwächt werden. 1943 kam es dann zu einem ähnlichen Abkommen wie mit Ungarn. Damit waren die Siebenbürger Sachsen mit allen Konsequenzen voll in das Kriegsgeschehen einbezogen.

Kapitulation; Evakuierung

Am 23. August 1944 schloß Rumänien mit den Allierten einen Waffenstillstand ab und erklärte wenige Tage später dem bisherigen Bündnispartner, dem Deutschen Reich, den Krieg. Die Reichsregierung traf dieser Schritt völlig unvorbereitet, obwohl ihr vorher Warnungen zugegangen waren. Der weitaus größte Teil der an

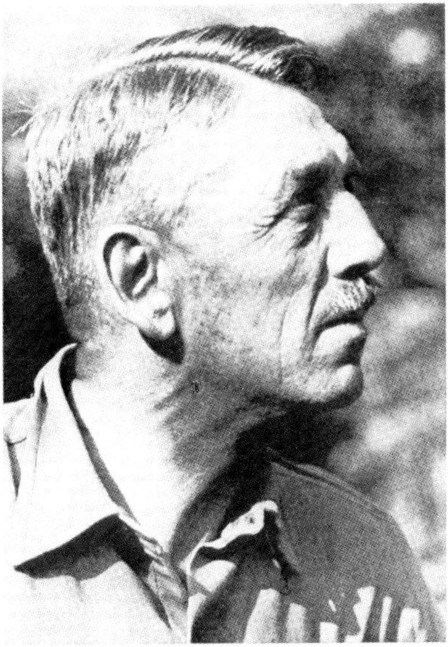

General Artur Phleps, 1881 – 1944.

diesem Frontabschnitt zusammen mit Rumänen kämpfenden deutschen Verbände geriet in Gefangenschaft.

Auch im ungarischen Teil Siebenbürgens befanden sich keine einsatzfähigen ungarischen oder deutschen Verbände. Der deutsche General Artur *Phleps* – ein Siebenbürger Sachse – erhielt zwar den Auftrag, eine „Kampfgruppe Siebenbürgen" aufzubauen, seine Truppe bestand aber überwiegend aus Fronturlaubern, kleinen ungarischen Einheiten und Jugendlichen. Es wurde klar, daß weder der Karpatenwall noch die unnatürliche rumänisch-ungarische Grenze zu halten waren. Einigen Stoßtrupps gelang es, wenige sächsische Gemeinden in der Nähe der Grenze in großer Eile zu evakuieren.

Am 7. September ordnete General Phleps die Evakuierung der Deutschen Nordsiebenbürgens an. Frauen mit kleinen Kindern, Kranke und Greise sowie die Stadtbevölkerung wurden mit der

Bahn und mit Lastwagen der Wehrmacht abtransportiert. Am 9. September brachen die am südlichsten gelegenen Dörfer mit ihren Trecks auf, eine gute Woche später war die gesamte sächsische Bevölkerung Nordsiebenbürgens unterwegs.

Die Trecks überschritten Anfang November die damalige Reichsgrenze. Ein Teil wurde im Raum Hollabrunn nördlich von Wien und im niederösterreichischen Waldviertel untergebracht, von wo nur wenige sich beim Heranrücken russischer Truppen nach Westösterreich und Niederbayern absetzen konnten. Die Zurückbleibenden wurden überrollt und zogen im Sommer 1945 nach Hause; sie hatten ein besonders hartes Schicksal.

Der größere Teil der Trecks wurde in Oberösterreich, in der späteren amerikanischen Zone, untergebracht. Als sie ihre letzten Quartiere bezogen, war der Winter bereits eingezogen.

Versuche, vom Westen aus eine Evakuierung Südsiebenbürgens zu erreichen, scheiterten schon im Ansatz. General Phleps fiel bei einer Erkundung in der Nähe von Arad. In Südsiebenbürgen herrschte in den ersten Tagen nach dem 23. August 1944 eine abwartende Stimmung, viele hofften auf baldige Rückkehr der abgezogenen deutschen Truppen. Der Abgeordnete Dr. Hans Otto *Roth* rief die deutsche Bevölkerung Siebenbürgens und des Banats im Siebenbürgisch-Deutschen Tageblatt vom 31. August 1944 auf, sich ruhig und besonnen zu verhalten und versuchte durch Kontakte mit bekannten bürgerlich-rumänischen Politikern aus der gegebenen Lage das Bestmögliche herauszuholen. Obwohl er ein Gegner des Nationalsozialismus war, wurde er bald auch interniert und starb 1953 im Gefängnis Ghencea.

Anfang September überschritten russische Einheiten die Karpaten und besetzten Hermannstadt. Es kam zuerst zu Ausschreitungen, die aber bald eingestellt wurden, weil Rumänien als befreundetes Land galt. Nach der Besetzung durch russische Truppen wurden zunächst nur Amtswalter der Volksgruppe interniert, später jedoch immer breitere Kreise, vor allem Intellektuelle und Inhaber größerer Betriebe. Die Rundfunkgeräte und Telefone wurden bald bei allen Deutschen beschlagnahmt. Diese erhielten blaue Sonderausweise und wurden zu Sonderarbeiten eingesetzt. In den Städten wechselten auch viele Wohnungen den Besitzer, es kam aber zunächst nicht zu besonderen Härten.

Die Verschleppung in die Sowjetunion, Enteignungen

Vom 9. bis 12. Januar 1945 wurden schlagartig alle nicht eingezogenen Männer von 17 – 45 Jahren und die 18 – 35jährigen Frauen unter russischer Leitung in Haft genommen. Ausgenommen waren nur die nicht Arbeitsfähigen und Frauen mit Kindern im Säuglingsalter. Wenn die Sollzahl nicht erreicht war, wurden auch jüngere und ältere festgenommen und verschleppt. Die Kinder mußten zum Teil bei Nachbarn oder Fremden unterkommen, wenn nähere Verwandte nicht da waren. Etwa 30.000 Siebenbürger Sachsen wurden verladen und landeten in Lagern im Kohlebecken des Donez oder in anderen Gebieten bis hin zum Ural. Die Verluste durch Kälte, vor allem aber durch Hunger und Krankheiten, waren erheblich.

Die ersten Rücktransporte von Kranken und Arbeitsunfähigen begannen im Herbst 1945, die letzten Verschleppten blieben bis 1952 in Rußland.

Die in Siebenbürgen Verbliebenen waren politisch rechtlos und örtlicher Willkür ausgesetzt. Durch die (2.) Agrarreform, die durch Gesetz vom 23. März 1945 angeordnet wurde, kam es zu einer totalen Enteignung des Grundbesitzes der deutschen Volkszugehörigen, von der nur die wenigen ausgenommen waren, die aktiv gegen Hitlerdeutschland gekämpft hatten. Das Ausmaß der Enteignung läßt sich aus folgenden Zahlen erkennen: die durchschnittliche Enteignungsfläche in den nicht von Deutschen besiedelten Gebieten lag bei 85 Hektar, betraf also fast ausnahmslos Großbetriebe. Im Banat lag sie aber bei nur 3,66 ha, im Kreis Hermannstadt sogar bei 2,69 ha! Von der Enteignung wurden etwa 55 – 60.000 sächsische Grundeigentümer betroffen. Rechnet man die Familienzugehörigen dazu, so wird klar, daß fast der gesamte sächsische Grundbesitz enteignet wurde. In den deutschen Siedlungsgebieten ging es also nicht um die Enteignung von Großgrundbesitzern und Kulaken, sondern um Klein- und Kleinsteigentümer!

Ein großer Teil der Bauern mußte außerdem den Hof für zuziehende Kolonisten räumen und z. T. in Zigeunerkaten ziehen. Andere waren froh, wenn sie auf ihrem Hof ein Zimmer behalten durften. Auch den Handwerkern, kleinen Kaufleuten und

Eigentümern von Familienheimen ging es in diesem Katastrophenjahr 1945 nicht besser; die meisten verloren ihre bisherige Existenzbasis. Durch eine Währungsreform schmolzen auch die Spargroschen dahin.

Die Frage der Staatsangehörigkeit der Deutschen war zunächst ungeklärt, das Wahlrecht wurde ihnen entzogen und das am 7. Februar 1945 erlassene Nationalitätenstatut galt nicht für sie. Trotzdem blieb die letzte Konsequenz – die Ausweisung nach Deutschland – in Rumänien aus. Man wollte offensichtlich auf das Wissen und Können der Deutschen, denen man so einiges zu verdanken hatte, nicht verzichten, im Gegensatz zu den anderen mittelosteuropäischen Staaten. Man schickte allerdings lieber sie statt eigener Volkszugehöriger nach Rußland, und um ihr Vermögen wurden die Deutschen auch „erleichtert".

Albert Klein, 1969 – 1990 Bischof der Evangelischen Landeskirche A. B. in Rumänien.

Die einzige Einrichtung, die einigermaßen intakt blieb, war die evangelische Kirche. Sie übernahm im Herbst 1944 wieder das deutschsprachige Schulwesen in eigene Verantwortung bis zu dessen Verstaatlichung im Jahre 1948. In den meisten Orten Siebenbürgens wurde der deutschsprachige Unterricht nur für kurze Zeit unterbrochen. Die Kirche mußte sich allerdings nach 1948 auf den rein kirchlichen Bereich beschränken.

In der Volksrepublik Rumänien

Am 30. Dezember 1947 dankte König Michael unter Druck ab. Die aus dem Zusammenschluß von Kommunisten und Sozialisten hervorgegangene rumänische Arbeiterpartei übernahm die Macht, Rumänien wurde Volksrepublik. Im Sommer 1948 erfolgte die Verstaatlichung von Industrie, Banken, Versicherungen, Hütten- und Transportunternehmen. Die konfessionellen und privaten Schulen wurden verstaatlicht, ihr Vermögen eingezogen. 1949 setzte die Sozialisierung der Landwirtschaft ein und 1950 gingen die größeren Häuser ins Eigentum des Staates über. Die übrigen Parteien wurden verboten.

Bis zur Agrarreform des Jahres 1945 waren die Deutschen Rumäniens ein Volk von Bauern; etwa 70 Prozent waren landwirtschaftliche Berufszugehörige. Bis zur rumänischen Volks- und Berufszählung des Jahres 1956 hatten sich die Verhältnisse völlig gewandelt: Nur noch 22 Prozent gehörten zur Berufsgruppe Landwirtschaft, von denen noch 9,6 Prozent (unter den Blutsrumänen aber noch 53 Prozent) selbständig waren. Dafür stieg der Anteil der nicht in der Landwirtschaft tätigen Arbeiter und Angestellten auf 72 Prozent an, zu denen noch 14,5 Prozent (unter den Rumänen nur 5,7 Prozent!) Mitglieder von landwirtschaftlichen und gewerblichen Produktionsgenossenschaften kamen! Innerhalb von zehn Jahren war aus einem Volk, in dem die selbständigen Bauern, Handwerker, Kaufleute und Intellektuellen etwa 85 Prozent ausmachten, eine Gruppe von Unselbständigen geworden!

In den entlegenen, verkehrsmäßig schlecht erschlossenen Gemeinden sahen sich viele gezwungen, den Wohnort zu wechseln, weil sie hier nur als Wochenpendler leben konnten. Sie zogen nicht nur in die alten sächsischen Städte, sondern mußten sich nach dem

Wurmloch, siebenbürgisch-sächsische Bauern in kunstvoll gearbeiteten „Kirchenpelzen“.

Angebot an Arbeitsplätzen richten. Schritt um Schritt lockerte sich dadurch die Verbindung zur alten Dorfgemeinschaft.

Umgangssprache in der Fabrik und in den Büros ist heute nicht mehr wie früher auf dem Acker die sächsische Mundart, sondern das allen geläufige Rumänisch. Das gilt auch für das Gespräch auf der Straße oder bei geselligen Veranstaltungen, sobald Menschen dabei sind, die Sächsisch nicht oder nur schlecht verstehen. Sitte und Brauchtum einschließlich Tracht und Wohnkultur, die den bäuerlichen Jahresablauf und das bäuerliche Leben begleiteten, verlieren zum Teil ihren Sinn und werden aufgegeben. Die Assimilationsbereitschaft verstärkt sich allgemein, vor allem in den städtischen Neubaugebieten, was in der zunehmenden Zahl von

Wurmloch, siebenbürgisch-sächsische Frauen und Mädchen in der Kirche.

Mischehen mit Nichtevangelischen und Nichtdeutschen zum Ausdruck kommt.

Die Folge dieser Entwicklung ist eine Überalterung der dörflichen Bevölkerung und dadurch eine weitere Steigerung der Abwanderungsbereitschaft der Jugend. Es muß festgehalten werden, daß diese Entwicklung in ähnlicher Form auch in anderen, der Industrialisierung und Urbanisierung unterworfenen Gebieten, wie dem Westerwald oder früheren oberösterreichischen Bauerndörfern zu beobachten ist. Was sie von den Verhältnissen in Siebenbürgen unterscheidet, sind dort die fehlende Möglichkeit, die Probleme öffentlich anzuschneiden und auszudiskutieren und der ideologische Druck.

In politischer Hinsicht setzte 1949 eine allmähliche Lockerung ein. Es wurde ein deutsches antifaschistisches Komitee zugelassen, 1950 deutschen Volkszugehörigen das Wahlrecht zuerkannt. Erst das unveröffentlichte Dekret Nr. 81/1956 signalisierte jedoch eine deutliche Wende: Die Deutschen erhielten ihre Bauernhäuser und Familienheime wieder zurück. Seither gelten das Minderheitenstatut und die Nationalitätenbestimmungen der Verfassung ohne Einschränkung auch für sie.

In der Sozialistischen Republik Rumänien

Im Jahre 1965 wurde die Verfassung Rumäniens den veränderten Verhältnissen angepaßt. Nicolae Ceauşescu wurde Generalsekretär der nun wieder kommunistisch genannten, allein zugelassenen früheren Arbeiterpartei.

Für Partei und Staat gelten die Grundsätze der Leninschen Nationalitätenpolitik, die bekanntlich der Form nach national, dem Inhalt nach jedoch sozialistisch zu sein hat. Ceauşescu versuchte eine Entkrampfung des Verhältnisses zu den deutschen Volkszugehörigen zu erreichen und gab in einer Aussprache mit deutschen Intellektuellen am 3. Juli 1968 frühere Fehler offen zu. Am 15. November wurde der Rat der Werktätigen deutscher Nationalität gegründet. Das Bemühen der Landsmannschaften der Siebenbürger Sachsen in Deutschland und Österreich, zum früheren Vaterland ein sachliches Verhältnis zu finden, führte auch zu Gesprächen mit dem Staatspräsidenten Ceauşescu selbst.

Eine auch sprachlich einheitliche rumänische Nation mag das unausgesprochene Ziel der heutigen Vertreter der rumänischen Nationalitätenpolitik sein; mit Brachialgewalt geht man dabei nicht vor, obwohl seit dem Herbst 1974 ein schärferer Wind weht: Die liberalen Vorschriften für westliche Verwandtenbesuche wurden eingeengt. Aussiedler müssen seither ihre Häuser dem Staat zum Kauf anbieten. Durch das Gesetz über das nationale Kulturerbe wurde ein Obereigentum des Staates in einer auch für osteuropäische Staaten ungewöhnlichen Form proklamiert. Es bezieht sich auf ältere Bücher und antike Möbel ebenso wie auf größere Sammlungen jeder Art.

Wenn man die Haltung Rumäniens gegenüber seinen deutschen Volkszugehörigen mit der anderer osteuropäischer Staaten, etwa Polens oder der Tschechoslowakei vergleicht, schneidet es nicht schlecht ab. Abgesehen davon, daß die evangelische Kirche nie verfolgt wurde – sie bildet heute ihren Pfarrnachwuchs in einem theologischen Institut mit Universitätsgrad selbst aus – ist es nie zur Schließung aller deutschsprachigen Schulen oder Abteilungen gekommen. Außer einer deutschsprachigen Tageszeitung, Wochenzeitungen und Zeitschriften gibt es deutschsprachige Sendungen in Rundfunk und Fernsehen sowie zwei deutsche Theater. Die Zahl der deutschen Buchtitel ist beachtlich, die Auflagen sind bald vergriffen.

Von einer Diskriminierung der deutschen Volkszugehörigen im kulturellen Bereich kann demnach nicht gesprochen werden, ebenso wenig allerdings von einer Autonomie. Bei dieser offiziellen Haltung von Partei und Regierung sind Nadelstiche, die damit unvereinbar sind, um so weniger zu verstehen. Gemeint sind z. B. das nie öffentlich erlassene Verbot, deutsche Ortsnamen in deutschsprachigen Veröffentlichungen zu verwenden oder das Verschweigen deutscher Leistungen in deutschsprachigen Stadtführern für westliche Touristen und in regionalhistorischen Darstellungen, die zu regelrechten Geschichtsverzerrungen führen. Auch besteht oft ein Widerspruch zwischen offiziellen Erklärungen und tatsächlichem Handeln auf Kreis- und Gemeindeebene.

Wir haben weiter oben festgestellt, daß Rumänien den Angehörigen der deutschen Nationalität nach 1944 mehr Verständnis entgegenbrachte als andere osteuropäische Staaten. Das ist das Ergebnis eines horizontalen Vergleichs zwischen den einzelnen Staaten, den die Kenner der Verhältnisse anstellen. Die Deutschen in Rumänien nehmen aber einen vertikalen Vergleich vor, indem sie ihre derzeitige Situation an der Vergangenheit messen. Dabei schneidet das heutige Rumänien erheblich ungünstiger ab. Bei diesem Vergleich erhält das Empfinden, einem allmächtigen, sich immer nationaler gebärdenden Apparat ausgeliefert zu sein, ein besonderes Gewicht, das noch stärker wiegt als die Enteignungen und die Vernichtung selbständiger Existenzen nach dem Jahre 1945.

Vor dem Jahre 1945 hatten die Deutschen in Rumänien eine große Zahl eigener Organisationen, Vereine, Stiftungen u. a., über die sie selbst bestimmen konnten. Die heutige offizielle Vertretung durch den Rat der Werktätigen deutscher Nationalität besteht nicht aus Sprechern, die die Deutschen in Rumänien selbst gewählt haben; dieser Rat ist ein Teil des mächtigen Parteiapparates, dessen Weisungen seine Leitungsgremien unterliegen. Der Deutsche in Rumänien erlebt außerdem fast täglich eine Überfremdung der Städte und vieler Dörfer durch Zuwanderer aus anderen Landesteilen; er empfindet als besonders schmerzlich das Verschweigen und Verfälschen der Vergangenheit der eigenen ethnischen Gruppe. Dadurch erhält er zunehmend das Gefühl, in der eigenen Heimat ein Fremder zu sein.

Rumänien ist heute ein Land unter kommunistischer Herrschaft mit allen Konsequenzen, die sich daraus ergeben und denen auch die dort lebenden Siebenbürger Sachsen voll unterworfen sind. Daß auf Enteignung und eine totale berufliche und soziale Umschichtung eine bis dahin nicht gekannte Industrialisierung und Urbanisierung einsetzte, die nicht umkehrbar ist, macht den letzten Abschnitt sächsischer Geschichte unvergleichbar mit der Zeit der Türkeneinfälle oder der Basta'schen Wirren.

Familienzusammenführung und Aussiedlung

Eines der schwerwiegendsten Nachkriegsprobleme der Siebenbürger Sachsen und aller Deutschen in Rumänien war die über ein Jahrzehnt andauernde Zerreißung der Familien. Die früheren deutschen Wehrmachtsangehörigen konnten nach Kriegsende nicht ohne weiteres zurückkehren. Obwohl sie aufgrund zwischenstaatlicher Verträge des Deutschen Reiches mit Rumänien oder mit Ungarn eingezogen worden waren, verloren sie die rumänische Staatsangehörigkeit. Von den zur Zwangsarbeit in die Sowjetunion deportierten Frauen und Männern wurden viele nach Frankfurt/Oder zurückgeführt und setzten sich teilweise nach Westdeutschland zu ihren dort lebenden Angehörigen oder zu Bekannten ab. Viele Kinder mußten nach der Deportation ihrer Mütter – die Väter waren Soldaten – von entfernten Verwandten oder Bekannten aufgenommen werden. Eine große Zahl von Ehen zerbrach an der viele Jahre andauernden Trennung.

Abgesehen von einer Sonderaktion des Internationalen Roten Kreuzes im Jahre 1951, durch die etwa tausend Deutsche aus Rumänien mit ihren Angehörigen in Westdeutschland zusammengeführt werden konnten, gab es erst nach dem Jahre 1957 – also dreizehn Jahre nach Kriegsende – legale Möglichkeiten der Familienzusammenführung. Das entspannte Verhältnis zwischen den Staaten des Westens und denen des Ostblocks in Verbindung mit einer rumänischen Außenpolitik, die sich von der Bevormundung durch die Sowjetunion befreite, führte am 31. Januar 1967 zur Aufnahme diplomatischer Beziehungen zwischen der Bundesrepublik Deutschland und Rumänien. Etwa zu diesem Zeitpunkt öffnete Rumänien seine Grenzen in stärkerem Maße auch für westliche Touristen. Diese Normalisierung der Verhältnisse führte dazu, daß immer mehr Siebenbürger Sachsen in Rumänien ihren Wunsch nach Aussiedlung zu Verwandten nach Westdeutschland verwirklichen konnten.

Im Jahre 1977 wurde erstmals die Zahl von 10.000 Aussiedlern überschritten. Nach der Absprache zwischen Bundeskanzler Schmidt und Staatspräsident Ceauşescu im Januar 1978 konnte diese Zahl nicht nur gehalten, sondern sogar überschritten werden. Die bisher höchste Zahl an Aussiedlern aus Rumänien wurde im Jahre 1984 mit fast 16.600 Personen erreicht.

DAS LAND NORDRHEIN-WESTFALEN ÜBERNIMMT DIE PATENSCHAFT FÜR DIE „LANDSMANNSCHAFT DER SIEBENBÜRGER SACHSEN IN DEUTSCHLAND e. V.“.

DIESER ERKLÄRUNG LIEGT EIN EINSTIMMIGER BESCHLUSS DER LANDESREGIERUNG VON NORDRHEIN-WESTFALEN VOM 7. JANUAR 1957 ZUGRUNDE. MIT DIESEM AKT BEKUNDET DAS LAND NORDRHEIN-WESTFALEN SEINE VERBUNDENHEIT MIT DER VOLKSGRUPPE DER SIEBENBÜRGER SACHSEN, DEREN URHEIMAT WEITE GEBIETE NORDRHEIN-WESTFALENS SIND, UND SEINEN WILLEN, DIE LANDSMANNSCHAFT DER SIEBENBUERGER SACHSEN IN IHREN AUFGABEN ZU UNTERSTÜTZEN.

NAMENS DER LANDESREGIERUNG VON NORDRHEIN-WESTFALEN

DER ARBEITS- UND SOZIALMINISTER

DÜSSELDORF, DEN 26. MAI 1957

Anläßlich des Verbandstages 1972 der Landsmannschaft der Siebenbürger Sachsen in Deutschland geben

der Bundesvorsitzende der Landsmannschaft der Siebenbürger Sachsen in Deutschland, Erhard Plesch,

der Bundesvorsitzende der Landsmannschaft der Siebenbürger Sachsen in Kanada, Andreas Dienesch,

der Bundesobmann der Landsmannschaft der Siebenbürger Sachsen in Österreich, Dr. Roland Böbel,

der Präsident des Zentralverbandes der Siebenbürger Sachsen in den USA, Edward R. Schneider

folgende **Erklärung** *ab:*

Wir bekennen uns zum Grundsatz der Erhaltung siebenbürgisch-sächsischer Eigenart und Tradition. Wir sehen es als unsere Aufgabe an, uns für die Pflege des Gemeinschaftsbewußtseins einzusetzen, und betrachten die von uns vertretenen siebenbürgisch-sächsischen Gruppen über Grenzen hinweg als eine durch Abstammung, Sprache und Schicksal geprägte Einheit. Wir setzen es uns zum Ziel, als loyale Bürger der Länder, in denen wir leben, dem Interesse unserer Landsleute und auf der Grundlage der Menschenrechte der Verständigung von Volk zu Volk zu dienen.

München, den 25. März 1972

(Erhard Plesch) (Andreas Dienesch) (Dr. Roland Böbel) (Edward R. Schneider)

Bleiben oder gehen?

Während in den beiden ersten Jahrzehnten nach dem Ende des Zweiten Weltkrieges nur wenige Personen deutscher Nationalität aus Rumänien die Ausreiseerlaubnis in die Bundesrepublik Deutschland erhielten, nahm ihre Zahl nach der Aufnahme diplomatischer Beziehungen (1967) und vor allem nach der Absprache zwischen Bundeskanzler Schmidt und Staatspräsident Ceauşescu (1978) sprunghaft zu. Jährlich siedelten im Mittel aus:

- 1950 bis 1959 je 345 Personen
- 1960 bis 1969 je 1.629 Personen
- 1970 bis 1976 je 5.520 Personen
- 1977 bis 1986 je 13.365 Personen.

Nach amtlichen deutschen Erhebungen sind in den Jahren 1950 bis 1986 aus Rumänien insgesamt 192.041 Deutsche in die Bundesrepublik ausgesiedelt, darunter allein im letzten Jahrzehnt 133.650

Hermann Oberth, der 1894 in Hermannstadt geborene Pionier der Weltraumfahrt († 1989 in Feucht b. Nürnberg).

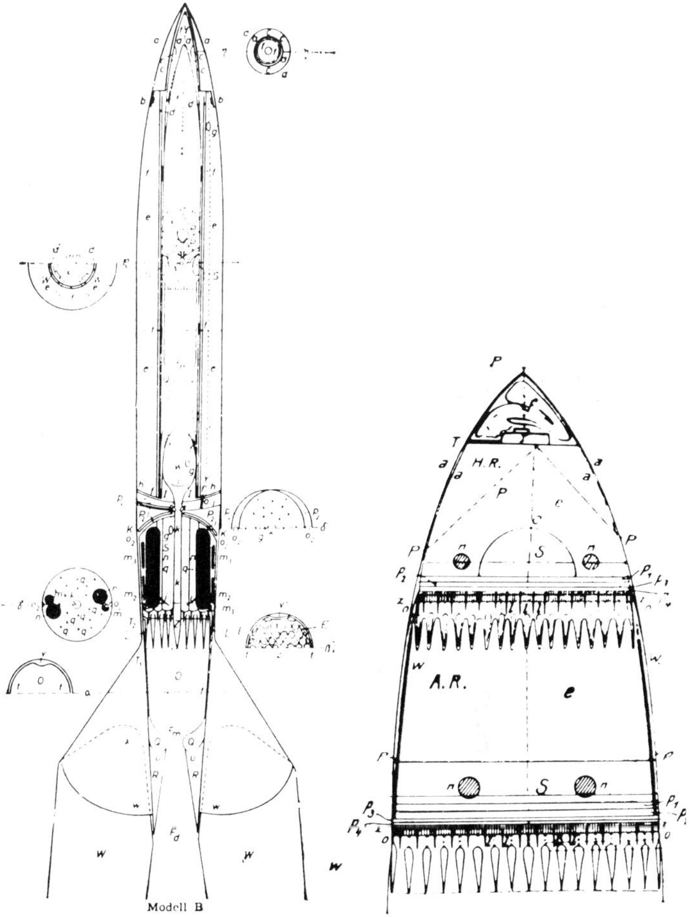

Entwürfe Hermann Oberths für Forschungs- und Weltraumraketen, 1923.

Personen. Knapp die Hälfte waren Siebenbürger Sachsen. Im Vergleich dazu spielt die Auswanderung in andere Staaten eine untergeordnete Rolle.

Bei der amtlichen rumänischen Volkszählung vom 5. Januar 1977 wurden in Siebenbürgen etwa 171.000 Einwohner deutscher Nationalität registriert; deutsch als Nationalität u n d Muttersprache gaben rund 165.000 an. In den Jahren 1977 bis 1986 siedelten mehr als 65.000 Personen allein in die Bundesrepublik Deutschland aus. Das ist keine Bagatellzahl, sondern entspricht mehr als einem Drittel (38 Prozent) der 1977 gezählten Personen deutscher Nationalität! Da vor allem jüngere Familien das Land verlassen, ist davon auszugehen, daß im letzten Jahrzehnt in Siebenbürgen mehr Deutsche starben, als geboren wurden. Das bedeutet einen weiteren Rückgang. Die Siebenbürger Sachsen sind im Gegensatz zur Mehrheitsbevölkerung nicht orthodoxe, sondern lutherische Christen, und die deutsche Volkszugehörigkeit bringt auch heute eher einen Gewinn an Sozialprestige, so daß (noch) unbedeutende Assimilierungsverluste entstehen dürften. Heute (1987) leben in Rumänien nicht mehr als 100.000 bis 110.000 Siebenbürger Sachsen.

Die Aussiedlung hat für die Bleibenden zur Folge, daß immer mehr Verwandte, Nachbarn und Freunde fehlen. Kindergärten und Schulen mit deutscher Unterrichtssprache werden geschlossen, weil die Mindestzahlen unterschritten werden. Aus Kirchengemeinden mit eigenem Pfarrer werden Tochter- und schließlich Diasporagemeinden; Laienchöre, Spielgruppen u. ä. werden ausgezehrt, die deutschsprachigen Presseorgane und Buchpublikationen verlieren Leser usw. So stellt sich die Frage „Bleiben oder gehen?“ immer wieder neu!

Verlassen die Nachkommen der seit über 800 Jahren als „Entwicklungshelfer“ nach Transsilvanien, dem „Land jenseits der Wälder“ gerufenen und nicht als Eroberer eingedrungenen Ansiedler ihre Heimat nur – wie einige meinen –, weil sie den Verlockungen des „Goldenen Westens“ erliegen?

Durch wissenschaftliche Befragungen wurden andere Gründe festgestellt: Die Siebenbürger Sachsen und Banater Schwaben möchten vor allem als Deutsche unter Menschen gleicher Sprache und des gleichen Kulturkreises leben und nicht mehr das Gefühl haben, wie Fremde in der eigenen Heimat geduldet zu sein. Etwa ebenso stark ist das Motiv, in einem Staat zu Hause zu sein, in dem nicht ein allmächtiger Apparat über alles bestimmt, sondern in dem gleiches Recht für alle gilt, in dem die Freiheit des einzelnen geachtet wird und in dem jeder sein Leben nach eigenen Vorstellungen gestalten kann. Im Vergleich zu diesen Hauptmotiven spielen andere Gründe eine untergeordnete Rolle.

Beginnt mit dieser stark zunehmenden Rückwanderung das Schlußkapitel der Geschichte einer Gruppe, die im Vergleich zu ihrer kleinen Zahl im Karpatenbogen Leistungen erbracht hat, mit denen sie sich auch im europäischen Maßstab sehen lassen kann? Der Substanzverlust der letzten Jahrzehnte ist so erheblich, daß diese Frage nicht umgangen werden kann. Wir wissen, daß der weit überwiegende Teil der noch in Siebenbürgen lebenden Sachsen aussiedeln und damit von dem inzwischen auch international anerkannten Recht, seinen Wohnort selbst zu bestimmen, Gebrauch machen will. Wenn die Deutschen in Rumänien daran durch die derzeitigen Machthaber oder durch ganz neue politische Konstellationen nicht gehindert werden, ist davon auszugehen, daß es bei den hohen Aussiedlerzahlen der letzten Jahre bleiben wird.

Die Entscheidung über Bleiben oder Gehen kann den in Rumänien lebenden Siebenbürger Sachsen niemand abnehmen; sie wird äußerst selten leichtfertig getroffen. Für die Vertreter der im Westen, vor allem in der Bundesrepublik Deutschland lebenden Sachsen, ergibt sich die Aufgabe, einerseits dazu beizutragen, daß die Aussiedlungswilligen ihre Absicht verwirklichen können, andererseits aber auch alles zu tun, um den Verbleibenden in einer äußerst schwierigen Lage ihr Los zu erleichtern.

Siebenbürger Sachsen außerhalb Rumäniens

Im Schicksalsjahr 1944 lebten in dem damals geteilten Siebenbürgen etwa 250.000 Sachsen. Die Verluste als Folge des Zweiten Weltkrieges und der Deportation in die Sowjetunion werden auf etwa 20.000 Menschen geschätzt. Mit dem Abschluß des Waffenstillstands Rumäniens mit den Alliierten am 23. August 1944 setzte ein Massenexodus ein, der noch immer andauert und zur Folge hat, daß heute die Mehrheit der Siebenbürger Sachsen außerhalb Rumäniens lebt. Mit einiger Zuverlässigkeit läßt sich lediglich die Zahl derer schätzen, die seit 1944 das Land freiwillig verließen oder verlassen mußten.

In der Bundesrepublik Deutschland

Die größte Gruppe von Siebenbürger Sachsen lebt heute in der Bundesrepublik Deutschland. In den Jahren 1950 bis 1987 siedelten etwa 100.000 aus Rumänien aus. Weitere 60.000 Personen wurden vor 1950 in der Bundesrepublik seßhaft oder wanderten aus anderen Ländern, vor allem aus Österreich und aus der DDR zu. Als Wohnorte bevorzugen sie die süddeutschen Länder Bayern und Baden-Württemberg sowie Nordrhein-Westfalen. Die Stadt mit den meisten siebenbürgisch-sächsischen Einwohnern ist heute München. Die größte ländliche Siedlung ist Drabenderhöhe im Bergischen Land mit etwa 2.500 Siebenbürger Sachsen, neben weiteren, kleineren Siedlungseinheiten.

Die aus Siebenbürgen stammenden Flüchtlinge wurden ab 1946 von einer Hilfsstelle beim Bayerischen Roten Kreuz betreut. Nach Gründung der Bundesrepublik entstanden daraus die Landsmannschaft der Siebenbürger Sachsen in Deutschland und das Hilfskomitee der Siebenbürger Sachsen und ev. Banater Schwaben im Diakonischen Werk der evangelischen Kirche in Deutschland (EKD), die zunächst den gleichen Vorsitzenden hatten. Die Landsmannschaft nimmt vor allem die politischen, rechtlichen und sozialen Belange der hier lebenden Siebenbürger Sachsen wahr. Sie ist in Landes- und Kreisgruppen gegliedert und gibt seit 1950 die „Siebenbürgische Zeitung" in München mit jährlich 20 Folgen heraus. Das Hilfskomitee nimmt die kirchlichen Belange wahr. Es ist einerseits Mittlerin zu den Gliedkirchen der EKD, andererseits zur Heimatkirche und gibt seit 1949 das Monatsblättchen „Licht der Heimat" heraus.

Im Jahre 1957 übernahm das Bundesland Nordrhein-Westfalen die Patenschaft für die Siebenbürger Sachsen. Dieses hat sich seither als fürsorglicher „Pate" erwiesen, das sich vor allem der kulturellen und wissenschaftlichen Anliegen über den „Kulturrat der Siebenbürger Sachsen e.V." annimmt. Diesem gehören außer den Landsmannschaften in Deutschland und Österreich und dem Hilfskomitee an: der Arbeitskreis für Siebenbürgische Landeskunde als Rechtsnachfolger des 1840 bis 1842 gegründeten Vereins für Siebenbürgische Landeskunde, die Vereinigung der Pädagogen, der Museumsverein und als weiterer Förderer die Siebenbürgisch-sächsische Stiftung München. Kulturelles Zentrum der Siebenbürger Sachsen in Westdeutschland ist das Schloß Horneck in Gundelsheim

a. Neckar geworden, wo außer dem zentralen siebenbürgischen Museum eine reichhaltige Fachbibliothek, ein Zentralarchiv und eine wissenschaftliche Arbeitsstelle untergebracht sind. Dem Kulturrat obliegt auch die Betreuung der zahlreichen Heimatortsgemeinschaften siebenbürgischer Gemeinden.

Das Sozialwerk der Siebenbürger Sachsen e.V. unterstützt heute fast ausschließlich notleidende Familien in Rumänien, u. a. mit Hilfe der genannten Stiftung. Zu den sozialen Einrichtungen gehören auch die Trägervereine der siebenbürgischen Altenheime in Rimsting a. Chiemsee (gegründet 1953), in Gundelsheim a. Neckar (1960), Osterode i. Harz (1964), Drabenderhöhe (1964) und Lechbruck i. Allgäu (1966).

In Österreich

Wien war vor 1918 das geistige, politische und wirtschaftliche Zentrum der Monarchie der Habsburger. Deshalb entstanden dort und in Graz bereits im Jahr 1871 Vereine der Siebenbürger Sachsen. 1884 wurde in Wien sogar eine Sektion des Siebenbürgischen Karpathenvereins gegründet, die allerdings nach 1918 ihre Tätigkeit einstellen mußte.

Die im September 1944 aus Nordsiebenbürgen aufgebrochenen Pferdetrecks lösten sich im November in Nieder- und Oberösterreich oder im Land Salzburg auf. Viele Wehrmachtsangehörige gerieten in Gefangenschaft und wurden dort entlassen. So kam es, daß um 1946 dort mehr als 30.000 Siebenbürger Sachsen lebten. Sie galten vor Abschluß des österreichischen Staatsvertrages mit den Alliierten (1955) als rechtlich benachteiligte, staatenlose Ausländer. Deshalb entschieden sich ab 1948 einige Tausend zur Auswanderung nach Ubersee, andere wanderten illegal nach Westdeutschland weiter. Einige weitere Tausend übersiedelten 1953/54 als Bergarbeiter – damals die einzige legale Möglichkeit – in drei neue Siedlungen nach Nordrhein-Westfalen.

Erst nach 1955 konnten die verbliebenen Siebenbürger Sachsen Vollbürger Österreichs werden. Viele nordsiebenbürgische Ortsgemeinschaften errichteten Gruppensiedlungen. In der überwiegend katholischen Umwelt bauten sie zwanzig evangelische Gotteshäuser; ihre Pfarrer, Presbyter und Kuratoren sind maßgeblich an der

Weiterentwicklung und Gestaltung des christlichen Gemeindelebens in Österreich beteiligt. Auch der heutige Bischof in Österreich, Dr. h. c. Dieter Knall, ist Siebenbürger Sachse.

Neben den genannten traditionsreichen Vereinen in Wien und Graz entstand als Dachorganisation die Landsmannschaft der Siebenbürger Sachsen in Österreich mit Landesgruppen und Nachbarschaften. – Seit 1944 fanden etwa 10.000 Siebenbürger Sachsen dort eine neue Heimat. Die Zahl der österreichischen Staatsangehörigen, die von Sachsen abstammen, dürfte etwa doppelt so hoch sein.

Siebenbürger Sachsen in anderen europäischen Ländern

Die meisten Siebenbürger Sachsen, die ab 1944 in das Gebiet der heutigen *DDR* kamen, sind inzwischen nach Westdeutschland weitergewandert. Mindestens 1.000 wurden endgültig Bürger der DDR. In den letzten zwei Jahrzehnten ist eine schwer zu schätzende Zahl von Siebenbürger Sachsen aus Westdeutschland und aus Österreich in die *Schweiz* übersiedelt; eine Gruppe trifft sich regelmäßig.

In den nicht deutschsprachigen Ländern ist die Zahl der Siebenbürger Sachsen deutlich niedriger. Einige hundert ehemalige Kriegsgefangene, die nicht nach Rumänien zurückkehren konnten und in Deutschland oder in Österreich keine Verwandten oder Bekannten hatten, entschlossen sich nach ihrer Entlassung, in *Großbritannien* zu bleiben und heirateten Engländerinnen. Andere wanderten nach Schweden, Frankreich, Italien oder in andere westliche Länder weiter, halten aber Kontakt zu Freunden in Westdeutschland oder in Österreich.

In den Vereinigten Staaten von Amerika

Seit etwa hundert Jahren sind die USA Auswanderungsziel einer größeren Zahl von Siebenbürger Sachsen. Die meisten hatten zunächst die Absicht, dort schnell Geld zu verdienen und dann zurückzukehren, viele entschlossen sich aber dann zum endgültigen Verbleib. Es sind drei Auswanderungswellen festzustellen. In den USA verblieben für immer mindestens

- 15.000 vor dem Ersten Weltkrieg, etwa
- 10.000 zwischen den beiden Weltkriegen und etwa
- 5.000 nach 1948.

Sie leben vor allem in den US-Staaten Pennsylvanien und Ohio.

Es gibt keine zuverlässigen Schätzungen darüber, wie viele US-Bürger siebenbürgisch-sächsische Vorfahren haben; mit 100.000 Personen dürfte ihre Zahl nicht zu hoch eingeschätzt sein. Viele sind sich ihrer Herkunft nicht mehr bewußt. Es gibt aber auch in der vierten und fünften Generation einige tausend Amerikaner, die sich zum Sachsentum bekennen und in den entsprechenden Vereinigungen aktiv mitarbeiten.

Für die Einwanderer der ersten Welle gab es weder Schutz gegen Krankheit und Arbeitsunfälle noch eine Altersrente. Deshalb entstand bereits 1891 in Salem in Ohio ein Kranken-Unterstützungsverein, dem bald weitere folgten. Sie schlossen sich 1902 zum „Central-Verband der Siebenbürger Sachsen of the United States" – heute „Alliance of Transylvanian Saxons" – zusammen. Vorbild waren die heimatlichen Bruder- und Nachbarschaften. Dem Zentralverband gehörten bei dessen 25jährigem Jubiläum bereits 44 Zweige an, die 19 „Sachsenheime" (Clubhäuser) unterhielten und etwa 5.000 Mitglieder hatten. Heute hat der Zentralverband den Charakter einer Versicherungsgesellschaft auf Gegenseitigkeit und auf ethnischer Grundlage, dem 50 Zweige angehören.

Die deutsche Verhandlungssprache wurde nach 1945 allmählich in allen Zweigen durch das Englische ersetzt. Im Nationalkomitee des Zentralverbandes sind alle sächsischen Vereinigungen vertreten.

Aufgrund von Aktivitäten der Unterstützungsvereine entstand 1902 die erste evangelisch-sächsische Kirchengemeinde. Im Jahre 1934 bestanden 15 Kirchengemeinden. In Sonnabend- und Sonntagsschulen nahmen sie sich auch des Deutschunterrichts an; diese überstanden allerdings die schweren Jahre des Zweiten Weltkrieges nicht. – In Cleveland in Ohio entstand 1897 der erste Gesangsverein; am Sängerfest des Jahres 1937 beteiligten sich 25 sächsische Vereine. Ein Theaterverein hatte zwar keinen Bestand, statt dessen gibt es aber heute mehrere Kegel-, Golf- und Jugendclubs. – Die Zeitung „Heimat-Klänge" erschien ab 1903 als Vorläuferin des heutigen „New Saxon Volksblatt", einer Wochenzeitung in deutscher Sprache, die seit 1955 Aufsätze in englischer und deutscher Sprache bringt.

Siebenbürger Sachsen in Kanada und in anderen Überseeländern

Mit Beginn der Weltwirtschaftskrise sahen sich die USA veranlaßt, die Einwanderung durch Quotenregelungen zu erschweren.

Deshalb wichen Auswanderungswillige auf Kanada aus. In der Stadt Kitchener in Ontario – sie hieß vor dem Ersten Weltkrieg Berlin, auch heute sind hier die Deutschstämmigen in der Überzahl –, entstand 1928 ein noch heute bestehender Kranken-Unterstützungsverein, bald auch eine evangelisch-sächsische Kirchengemeinde und ein Gesangsverein. Das Vereinsleben mußte in den Jahren 1942 bis 1947 ruhen.

Um 1948 wurde die Einwanderung auch deutscher Flüchtlinge freigegeben. Aus Österreich wanderten vor allem Nordsiebenbürger ein, die überwiegend in der Provinz Ontario seßhaft wurden. Die mitausgewanderten Lehrer gründeteten in Kitchener eine Sonnabend- und Sonntagsschule die heute allerdings nicht mehr besteht. In Kitchener, in Windsor (gegenüber der US-Autostadt Detroit) und in Aylmer, einem Zentrum der Tabakfarmer, entstanden sächsische Clubs mit eigenen Häusern. Den Dachverband bildet seit 1963 die Landsmannschaft der Siebenbürger Sachsen in Kanada. Verhandlungssprache in den Vereinigungen und in der Kirchengemeinde zu Kitchener ist zwar Deutsch, die jüngeren Mitglieder bedienen sich jedoch, ähnlich wie in den USA, zunehmend des Englischen. Nach Kanada sind etwa 8.000 Siebenbürger Sachsen ausgewandert.

In Buenos Aires, der Hauptstadt *Argentiniens,* entstand bereits zwischen den beiden Weltkriegen ein Verein der Siebenbürger Sachsen. In *Australien* treffen sich die nach dem Zweiten Weltkrieg eingewanderten Sachsen auf informeller Basis regelmäßig. Auch nach *Südafrika* wanderten nach 1948 einige Hundert aus, weitere neben Argentinien auch in andere südamerikanische Staaten.

Die Landsmannschaften der Siebenbürger Sachsen in Deutschland, Österreich und Kanada sowie der Zentralverband in den USA haben 1984 eine *Föderation* beschlossen. Die Spitzenvertreter stimmen regelmäßig über Grundsatzfragen wie auch über gemeinsame Vorhaben ab und tauschen Erfahrungen aus. Seit zwei Jahrzehnten finden in regelmäßigem Turnus internationale Jugendlager und Besuchsreisen von Musikchören statt. Auch an den jährlichen Heimattagen in Dinkelsbühl und in Nordamerika sind regelmäßig Delegationen aus den USA und Kanada bzw. aus Deutschland und Österreich beteiligt, um das Zusammengehörigkeitsgefühl zu stärken.

Nach der Revolution vom Dezember 1989

Ausgelöst durch die Reformpolitik Mihail Gorbatschows in der Sowjetunion brachte das Jahr 1989 in allen ostmitteleuropäischen Staaten unerwartete, in so kurzer Frist bis dahin für unmöglich gehaltene Umwälzungen. In Rumänien als der letzten Diktatur im früheren „Ostblock" brachte die beabsichtigte Deportation des evangelisch-reformierten ungarischen Pfarrers László Tökes am 17. Dezember 1989 aus Temeswar das Faß zum Überlaufen. Trotz massiven Terrors der Staatsmacht griff der Aufstand bald auf die Hauptstadt Bukarest und einige größere Städte über. Am 22. Dezember versuchte der verhaßte Diktator Nicolae Ceauşescu mit seiner Frau Elena zu flüchten. Bereits drei Tage später meldete das Fernsehen, daß beide gefaßt, von einem Standgericht zum Tode verurteilt und anschließend hingerichtet worden seien. Bis zum Jahresende gaben auch die letzten verbissenen Kämpfer der Securitate (Staatssicherheitsdienst) den aussichtslos gewordenen Kampf gegen die Revolution auf.

Unter den Opfern der in Rumänien im Gegensatz zu allen anderen ostmitteleuropäischen Ländern blutig verlaufenen Revolution befinden sich auch Rumäniendeutsche, wie z. B. die jungen Hermannstädter Werner Almen, Reinhard Wilhelm Hienz und Hans Werner Lutsch. Die „Front der Nationalen Rettung", die den Altkommunisten Ion Iliescu als Staatspräsidenten und Petru Roman als Ministerpräsidenten nominierte, sagte bereits in ihrer ersten Grundsatzerklärung u. a. zu: (7.) „Achtung der Rechte und Freiheiten der nationalen Minderheiten und Sicherung ihrer völligen Rechtsgleichheit mit den Rumänen" und (10.) „Vollständige Achtung der Menschenrechte und Freiheiten einschließlich der Freizügigkeit". Gleichzeitig forderte sie auch deutsche Aussiedler zur Rückkehr in die angestammte Heimat auf.

Die 1971 zwangsumgetaufte „Woche" erschien bereits am 26. Dezember 1989 unter ihrem alten Titel „Hermannstädter Zeitung". Auch die übrigen deutschsprachigen Tages- und Wochenzeitungen wandelten ihr Gesicht und verwenden wieder die deutschen Ortsnamen. Nachdem der Bukarester evangelische Stadtpfarrer, Günther Ambrosi, bereits früher namens der deutschen Nationalität im Fernsehen Erklärungen abgegeben hatte, konstituierte sich am 27. Dezember 1989 das „Demokratische Forum der Deutschen aus Hermannstadt". Einen Tag später entstand in Schäßburg das „Demokratische Forum der Rumäniendeutschen", das ebenfalls Deklarationen verabschiedete. Anfang Januar 1990 beriet erstmals auch der Kronstädter Kreisrat des Forums.

Am 8. Februar 1990 starb der 35. evangelische „Sachsenbischof", D. Albert Klein kurz vor Vollendung seines 80. Lebensjahres. Wegen seiner angeschlagenen Gesundheit hatte er schon nach Erfüllung seines 50. Dienstjahres zum 31. August 1987 seinen Rücktritt erklärt, und das Landeskonsistorium hatte bereits alle Maßnahmen zur Wahl eines neuen Bischofs eingeleitet, als ihm Ceauşescu den Rücktritt verbot. Albert Klein, der das Schicksal der Deportation und der totalen Entrechtung wie Zehntausende seiner Landsleute erlitt, hatte als Bischof 21 Jahre hindurch ein besonders schweres Amt inne; er wurde auch öfters, vor allem von seinen im Westen lebenden Landsleuten, mißverstanden. Mit seinem Nachfolger beginnt nicht nur in dieser Minderheitenkirche, sondern für alle in Siebenbürgen lebenden Sachsen endgültig eine neue Ära.

In der unvermindert aktuellen Frage „Bleiben oder gehen?" (vgl. S. 94 bis 97) sind die Rumäniendeutschen auch nach der Dezemberrevolution 1989 tief zerstritten. Nach ersten Meinungsumfragen im Januar 1990 wollen von den noch in Siebenbürgen lebenden Deutschen mehr als zwei Drittel so schnell wie möglich in die Bundesrepublik Deutschland aussiedeln; vom Demokratischen Forum fühlen sie sich nicht vertreten. Fast jeder zehnte will bleiben, und ein knappes Viertel ist noch unentschlossen, wartet also zunächst die Entwicklung ab.

Für die Zeit seit der letzten amtlichen rumänischen Volkszählung vom 5. Januar 1977 bis zum Ende des Jahres 1989 ergibt sich hinsichtlich der Aussiedlerzahlen folgendes: 1977 wurden rd. 359.000 Einwohner deutscher Nationalität registriert, von denen 332.000 deutsch auch als ihre Muttersprache bezeichneten. In den Jahren 1977 bis 1989 wanderten allein in die Bundesrepublik Deutschland 195.000 Rumäniendeutsche aus, das entspricht 54,3 bzw. 58,6 Prozent der 1977 gezählten Personen. Hinzu kommt, daß sich vor allem Jüngere zur Aussiedlung entschlossen, was eine Überalterung der Verbliebenen und damit wahrscheinlich Sterbeüberschüsse zur Folge hatte. Nun werden in der amtlichen westdeutschen Aussiedlerstatistik auch die nichtdeutschen Ehegatten miterfaßt. Selbst wenn ihre Zahl größer sein sollte als der Wanderungsverlust bei anderen Staaten, muß angenommen werden, daß die Zahl der Rumäniendeutschen innerhalb von dreizehn Jahren um mindestens die Hälfte abgenommen hat.

Der sich daraus ergebenden weitreichenden Konsequenzen sind sich die Leitungsgremien des Demokratischen Forums der Rumäniendeutschen bewußt. Die Folgerungen werden umso extremer sein, je weniger es den in Rumänien Herrschenden gelingt, befriedigende wirtschaftliche Lösungen und für eine die ethnischen Minderheiten akzeptable Gesamtpolitik zu finden. – Bei einer immer extremer werdenden Diaspora(Zerstreuungs)situation der Deutschen in Siebenbürgen gilt es schon heute, neue Formen zur Gewährleistung eines deutschsprachigen Schulwesens, für kulturelle Veranstaltungen mit Breitenwirkung und für ein intensives Gemeinschaftsleben zu finden.

Diese ethnische und konfessionelle Minderheitengruppe, die einmal ein sehr beachtliches Gemeinschafts- und Privatvermögen besaß und unabhängig war, ist in Zukunft nicht nur auf das Verständnis und die Hilfe des rumänischen Staates angewiesen, dessen Bürger ihre Angehörigen ja sind; in absehbarer Zeit benötigt sie auch nicht nur ideelle Hilfen Deutschlands und Österreichs. Den in diesen beiden Ländern lebenden Rumäniendeutschen und ihren Organisationen kommt dabei eine wichtige Brückenfunktion zu.

Welche historischen Leistungen haben die Sachsen für Siebenbürgen erbracht?

Wenn wir zum Abschluß dieses Überblicks noch einmal die vielgenannte achthundertjährige Vergangenheit der Deutschen in Siebenbürgen wie einen Film „rückspulen" und bei wichtigen Abschnitten auf „Zeitlupe" stellen, ergeben sich folgende allgemeine Feststellungen:

1. Die Sachsen haben in diesem schönen und reichen Land im Karpatenbogen nie die zahlenmäßige Mehrheit besessen und auch nie beansprucht oder beanspruchen können, die allein Maßgebenden zu sein. Es konnte auch nie ihr Ziel sein, wie Rumänen und Ungarn eine Vereinigung mit ihren Brüdern jenseits der Grenzen Siebenbürgens anzustreben, weil das außerhalb der realen Möglichkeiten lag. Die Siebenbürger Sachsen waren immer auf ein harmonisches Miteinander mit den anderen Ständen, Nationen und Konfessionen angewiesen und haben es auch bewußt gepflegt. Dabei ging es nicht immer harmonisch zu und sie waren meistens gezwungen, ihr Recht zu behaupten; das ändert nichts an unserer Feststellung, sondern bestätigt sie. Wenn sie ihre Stellung als besondere Gruppe nicht behauptet hätten und in anderen Völkern aufgegangen wären – was einige sich besonders klug dünkende Betrachter ohne genaue Kenntnis der Verhältnisse als richtig ansehen – dann hätten sie auch die besonderen Leistungen für dieses Land nicht erbringen können, denn sie erbrachten sie als Gruppe, nicht als Einzelpersonen!

Als jahrhundertealte Minderheit – nicht nur im nationalen Sinne – kamen sie am besten durch, wenn sie sich (wie es in den Urkunden heißt) circumspekt, also umsichtig, bedächtig, vorsichtig, bei aller Festigkeit in der Sache, verhielten. Radikalismus, das Alles-auf-eine-Karte-Setzen, war in ihrer Situation lebensgefährlich. Das zeigt uns die Geschichte am Beispiel von Markus Pemfflinger nach 1529 ebenso wie im Jahrzehnt vor 1945.

2. Ihre Leistungen wurden erst dadurch möglich, daß ihnen weitsichtige Landesherren – die ungarischen Könige – besondere Freiheiten gewährten, die weit über das damals übliche Maß im übrigen Europa hinausgingen. Als eine Gruppe freier Bauern und Bürger – zu denen am Anfang auch ein in seinen Vorrechten eingeschränkter Ortsadel, die Gräven, zugezählt werden muß –

erbrachten sie ihre Leistungen nicht durch Ausbeutung Dritter, sondern dadurch, daß sie sich frei entfalten und ein Beispiel geben konnten.

Wir müssen uns allerdings vor Idealisierungen hüten: Der Zeit entsprechend waren auch sie ständisch gegliedert und mehrfach haben führende Geschlechter ihre bevorzugte Stellung auch mißbraucht. Sie waren nicht ein Volk „da keiner Herr und keiner Knecht" und es war nicht gleichgültig, ob einer als Sohn eines „Sedlers" (Pächters) oder eines Ratsherren geboren wurde. Im Gegensatz zu fast allen anderen Gebieten Europas bis zum Zeitalter der Bauernbefreiungen besaß aber der vollberechtigte Bürger und Bauer auf Königsboden Grundrechte, die ihn instand setzten, sich gegen die Willkür der Mächtigen zu wehren. Das gilt für den einzelnen ebenso wie für die gesamte genossenschaftliche Siedlergemeinschaft, die Nationsuniversität.

3. Die bleibende Leistung der Siebenbürger Sachsen besteht vor allem darin, daß sie die geistige, kulturelle und wirtschaftliche Entwicklung des gesamten Landes und der das Land mit ihnen bewohnenden Menschen anderer sozialer, ethnischer und konfessioneller Zugehörigkeit als Katalysatoren, also als Mittler, vorantrieben. Das gilt für agrartechnische Entwicklungen ebenso wie für handwerkliche Fertigkeiten, für die Herstellung der ersten gedruckten Bücher in der Sprache der Mitnationen in gleicher Weise, wie z. B. für die Vermittlung neuer wissenschaftlicher Erkenntnisse auf allen Gebieten. Diese Leistung war nur dadurch möglich, daß sie die Verbindung zu den zentraleuropäischen Ländern über Jahrhunderte hinweg aufrecht erhielten und bewußt pflegen konnten.

Die Sachsen waren aber nicht nur Gebende, sondern auch Nehmende: Ihre Mundart kennt Entlehnungen aus dem Rumänischen und Ungarischen ebenso, wie z. B. ihre Volkstracht; ihr Eigen-Landrecht, das 1583 – 1853 galt, kannte auch Elemente des ungarischen Rechtsverständnisses. Und was wäre schließlich die sächsische Küche ohne Klausenburger Kraut, Szekler Gulasch, Palatschinken („Kletiten"), Palukes mit Käse oder eine gute Zuika (Pflaumenschnaps)?

Der zur Verfügung stehende Raum verbietet uns, Einzelheiten zu wiederholen; dazu müßten wir zurückblättern. Die drei wohl wichtigsten Leistungen, deren Bedeutung über das Land Siebenbürgen hinausgeht, müssen aber doch erwähnt werden:

– die Erhaltung bäuerlicher und bürgerlicher Freiheiten bis in die Neuzeit;

– die Durchsetzung und Erhaltung des Grundsatzes der religiösen Toleranz (Duldung) vor allen anderen europäischen Ländern und

– ihr Anteil an der Abwehr der Türkengefahr und der Erhaltung des trotz türkischer Oberhoheit selbständigen Fürstentums Siebenbürgen, durch dessen Existenz die Rückgewinnung Südosteuropas wesentlich erleichtert wurde.

Welche Lehren können wir aus der Geschichte dieser kleinen Gruppe für Gegenwart und Zukunft ziehen? Das Entscheidende dürfte die Erkenntnis sein, daß es bei jeder Regierungsform nicht darauf ankommt, Minderheiten jeder Art zu majorisieren, ihnen also den Willen der Mehrheit aufzuzwingen. Minderheiten können dem Gemeinwohl und der Gesamtheit am besten dienen, wenn ihnen über eine formale Gleichberechtigung hinaus ein Freiheitsraum zur Entwicklung ihrer besonderen Fähigkeiten belassen und erhalten wird.

Kleine Zeittafel zur Geschichte der Siebenbürger Sachsen

1142 – 1162	Unter der Regierung des ungarischen Königs Geisa II. werden überwiegend fränkische Siedler in die Hermannstädter Provinz gerufen.
1147 – 49	Ein Kreuzfahrerheer zieht durch Ungarn (2. Kreuzzug).
1186	König Bela III. beziffert die Einkünfte, die er von den „Gastsiedlern des Königs jenseits der Wälder" bezieht, auf jährlich 15.000 Silbermark.
1191	Der Papst bestätigt die Errichtung der Hermannstädter Propstei.
Um 1210	Gründung der Zisterzienserabtei Kerz.
1211 – 1225	Der Deutsche Ritterorden errichtet im Burzenland Burgen und gründet Dörfer.
1224	„Goldener Freibrief" (Andreanum) für die Deutschen der Hermannstädter Provinz.
Um 1235	Hermannstadt und Kronstadt als städtische Siedlungen genannt.
1241/42, 1285	Tatareneinfälle nach Siebenbürgen.
1325	Sächsischer Aufstand unter Henning von Petersdorf gegen den siebenbürgischen Woiwoden wird niedergeschlagen; Einführung der (Gerichts)-Stuhlsverfassung.
1349	Erste Pestepidemie in Siebenbürgen.
1376	Älteste erhaltene Zunftsatzung für die Sieben Stühle.
1395	Erster Türkeneinfall ins Burzenland.
1420	Die Türken zerstören Broos und verheeren den Unterwald.
1437/38	Bauernaufstand auf dem Komitatsboden; Erste Union der drei ständischen „Nationen" (Adel, Szekler, Sachsen); Großer Türkeneinfall, Zerstörung Mühlbachs.
1453	Die Sieben Stühle übernehmen den Schutz des Roten-Turm-Passes und werden Grundherren des Talmescher Burggebietes.

1475	Der Stadt Bistritz wird die Grundherrschaft Rodna gegen den Schutz des gleichnamigen Passes übertragen.
1498	Die Kronstädter übernehmen endgültig die Grundherrschaft Törzburg und damit den Schutz der dortigen Pässe.
1486	König Mathias Corvinus bestätigt die Einheit aller Sachsen (Universitas Saxonum) auf Königsboden.
1526	Schlacht bei Mohács; Die Türken erobern die ungarische Tiefebene.
1542	Der Siebenbürgische Landtag erkennt die türkische Oberhoheit an.
1543	Johannes Honterus setzt die Reformation in Kronstadt und im Burzenland durch.
1547	„Kirchenordnung aller Deutschen in Sybembürgen"; die Sachsen werden geschlossen lutherisch.
1557 – 1568	Verwirklichung einer modifizierten religiösen Toleranz in Siebenbürgen.
1572	Die Sachsen nehmen das Augsburger Glaubensbekenntnis an, Birthälm wird Sitz des lutherischen Bischofs.
1583 – 1853	Einführung des Eigen-Landrechtes der Siebenbürger Sachsen, das bis zur Einführung des österreichischen Allgemeinen Bürgerlichen Gesetzbuches gilt.
1595 – 1606	Kaiser Rudolf II. von Habsburg versucht erfolglos Siebenbürgen zu gewinnen; Kriege, Zerstörungen, Seuchen und Hungersnöte; Michael der Tapfere, Fürst der Walachei, besetzt Siebenbürgen zunächst im Namen des Kaisers, der kaiserliche General Basta läßt ihn schließlich ermorden.
1612	In der Schlacht bei Marienburg gegen den tyrannischen Fürsten Gabriel Báthori fallen der Kronstädter Stadtrichter Weiß und bis auf einen auch alle Gymnasiasten.
1613 – 1629	Fürst Gabriel Bethlen sorgt vorübergehend für Frieden.

1657 – 1680	Verheerung des Landes wegen Thronstreitigkeiten, in die sich Türken und Habsburger einmischen.
1687	Nach der Befreiung Ofens (heute Teil von Budapest) besetzen die Kaiserlichen Siebenbürgen.
1691	Nach dem Tode des Fürsten Michael Apafi führt Kaiser Leopold I. auch den Titel eines Fürsten von Siebenbürgen und erkennt die Landesverfassung einschließlich der religiösen Toleranzbestimmungen an.
1734	Die ersten Evangelischen aus Innerösterreich werden nach Siebenbürgen zwangsumgesiedelt (transmigriert).
1742	Die ersten Evangelischen aus Südbaden (Markgrafschaft Baden-Durlach) wandern nach Siebenbürgen ein.
1774 – 1787	Samuel von Brukenthal, Berater der Kaiserin Maria Theresia, ist Gubernator von Siebenbürgen.
1780 – 1790	Kaiser Joseph II. versucht die „Revolution von oben".
1835	Gründung der Kronstädter Allgemeinen Sparkasse, 1841 der Hermannstädter Schwesteranstalt.
1840/42	Gründung des Vereins für Siebenbürgische Landeskunde.
1845	Gründung des Siebenbürgisch-Sächsischen Landwirtschaftsvereins; Einwanderung von Württembergern.
1848	Die Wiener Märzrevolution greift auf Siebenbürgen über; Rumänen und Sachsen bleiben kaiserlich; Bürgerkrieg, Zerstörung Sächsisch-Regens.
1849	Stephan Ludwig Roth wird in Klausenburg standrechtlich erschossen; österreichische Truppen erobern mit russischer Hilfe Siebenbürgen zurück.
1863	Hermannstädter Landtag; Rumänen und Sachsen beschließen Reformen.
1867	Österreich-ungarischer Ausgleich; Siebenbürgen ist nicht mehr Kronland, sondern Teil der

ungarischen Reichshälfte; der Sitz des „Sachsenbischofs“ wird von Birthälm nach Hermannstadt verlegt.

1872 Erster Sachsentag in Mediasch; letzte Choleraepidemie.

1876 Endgültige Aufhebung des Königsbodens, neue Verwaltungseinteilung.

1885 Dr. Karl Wolff gründet die ersten Raiffeisengenossenschaften (Konsumgenossenschaften) und leitet Maßnahmen der „inneren Kolonisation“ ein.

1914 Beginn des Ersten Weltkrieges.

1918 Kriegsende; In den Karlsburger Beschlüssen erklären die Rumänen Transsilvaniens den Anschluß an Rumänien und sichern den Minderheiten Rechte zu.

1919 Mediascher Anschlußerklärung der Sachsen, Gründung des Verbandes der Deutschen in Rumänien.

1921 Erste Agrarreform in Siebenbürgen.

1923 Die deutschen Abgeordneten lehnen die neue Verfassung ab, weil Minderheitenrechte nicht aufgenommen werden.

1933 Fünfter und letzter Sachsentag in Hermannstadt.

1939 Beginn des Zweiten Weltkrieges; Deutsch-rumänisches Wirtschaftsabkommen.

1940 Rumänien muß Bessarabien und die Nordbukowina an die Sowjetunion abtreten, die Deutschen außerhalb des Banats, Siebenbürgens und Nordwestrumäniens werden anschließend umgesiedelt; durch den Zweiten Wiener Schiedsspruch wird Nordsiebenbürgen Teil Ungarns; General Antonescu wird Staatschef; deutsche Militärkommission in Rumänien; Volksgruppengesetz.

1941 Rumänien nimmt auf deutscher Seite am Krieg gegen die Sowjetunion teil.

1942/43 Zwischenstaatliche Abkommen mit Ungarn und Rumänien über die Einreihung Volksdeutscher in die Deutsche Wehrmacht (Waffen-SS).

1944	23. August: Rumänien kapituliert und erklärt dem bisherigen Verbündeten den Krieg; 6. – 19. September: Evakuierung der Sachsen Nord- und einiger Dörfer Mittelsiebenbürgens; Internierungen in Südsiebenbürgen.
1945	Ab 11. Januar: Verschleppung Deutscher zur Zwangsarbeit in die Sowjetunion; 23. März: (2.) Agrarreform, Totalenteignung der deutschen Bauern; 8. Mai: Waffenstillstand in ganz Europa.
1946	Gründung der Hilfsstelle (später Hilfskomitee) der Siebenbürger Sachsen und ev. Banater Schwaben im Rahmen der Evangelischen Kirche Deutschlands.
1947	Friedensvertrag der Alliierten mit Rumänien; König Michael dankt ab; Ausrufung der Volksrepublik.
1948	Rumänische Sozialisierungsgesetze.
1949	Neue Ordnung der Ev. Kirche A. B. in Rumänien; Gründung eines Theologischen Instituts mit Universitätsgrad; Gründung des Verbandes (später Landsmannschaft) der Siebenbürger Sachsen in Deutschland.
1950	Rumäniendeutsche erhalten das Wahlrecht zurück.
1953	Der Bonner Bundestag beschließt Gesetze über Lastenausgleich und Vertriebene; Sachsen übersiedeln aus Österreich als Bergarbeiter ins Ruhrgebiet.
1956	Rückgabe von Häusern und Höfen (ohne Grundbesitz) an Deutsche.
1957	Nordrhein-Westfalen wird Patenland der Siebenbürger Sachsen.
1965	Nicolae Ceauşescu wird Generalsekretär der RKP, Ausrufung der Sozialistischen Republik.
1967	Diplomatische Beziehungen zwischen Bundesrepublik Deutschland und Rumänien.
1968	Aussprache Ceauşescus mit deutschen Intellektuellen; Gründung des Rates der Werktätigen deutscher Nationalität.

1973	Präsident Ceauşescu empfängt die Vorsitzenden der Landsmannschaft der Siebenbürger Sachsen in Deutschland.
1974	Gesetz zum Schutze des nationalen Kulturerbes; verschärfte Bestimmungen für Urlauber in Rumänien u. a.
1978	Bundeskanzler Schmidt und Präsident Ceauşescu vereinbaren verstärkte Aussiedlung von Deutschen im Rahmen der Familienzusammenführung.
Ab 1981	Anhaltende Wirtschaftskrise, die zu erheblichen Versorgungsschwierigkeiten führt.
1989	Sturz des Diktators Ceauşescu; Ende der Alleinherrschaft der Kommunistischen Partei, Gründung des Demokratischen Forums der Rumäniendeutschen.

Weiterführende Literatur

1. Gesamtdarstellungen:

- Georg Daniel Teutsch, Friedrich Teutsch, Geschichte der Siebenbürger Sachsen für das sächsische Volk, 4 Bde., Hermannstadt 1907 – 1926, Nachdruck Köln–Wien 1984 (Schriften zur Landeskunde Siebenbürgens 9/I – IV).
- Friedrich Teutsch, Kleine Geschichte der Siebenbürger Sachsen (3. Aufl.). Mit einem Nachwort von Andreas Möckel, Darmstadt 1965, XIII, 380 S.
- Quellen zur Geschichte der Siebenbürger Sachsen 1191 – 1975, bearbeitet von Ernst Wagner, 1. Aufl. Köln–Wien 1976, XIV, 429 S., 41 Abb. und Karten, 2. Aufl. ebda. 1981, XXI, 460 S., Schriften zur Landeskunde Siebenbürgens 1).
- Geschichte der Deutschen auf dem Gebiete Rumäniens (Hrsg. Carl Göllner), Bukarest 1979, 459 S., 93 Abb. (2. Bd. wird vorbereitet).
- Die Siebenbürger Sachsen in den Jahren 1848 – 1918 (Hrsg. Carl Göllner), Köln–Wien 1988, XIV, 448 S.; Anhang 65 Abb. (Siebenb. Archiv, Bd. 22).

2. Bibliographien:

- Hermann Hienz, Bücherkunde zur Volks- und Heimatforschung der Siebenbürger Sachsen, München 1960, XX, 578 S. (Buchreihe der

Südostdeutschen Historischen Kommission 5) mit Ergänzungen in Südostdeutsches Archiv 6 (1963), S. 182 – 189.
- Joseph Trausch, Friedrich Schuller, Hermann A. Hienz, Schriftsteller-Lexikon der Siebenbürger Deutschen, 4 Bde., Kronstadt/Hermannstadt 1868 – 1902; Nachdruck Köln–Wien 1983 (Schriften zur Landeskunde Siebenbürgens 7/I-IV); der 5. Bd. erscheint voraussichtlich 1991.
- Bibliographie zur siebenbürgischen Geschichte und Landeskunde, in: Zeitschrift für Siebenbürgische Landeskunde bzw. vorhergehende Folge; bis 1989: 23 Folgen.
- Südosteuropa-Bibliographie (Teil Rumänien), 1. Bd. (1945 – 1950), München 1956; 7. Bd. (1976 – 1980) in Vorbereitung.
- Literaturhinweise bei Ernst Wagner, Historisch-statistisches Ortsnamenbuch für Siebenbürgen. Mit einer Einführung in die historische Statistik des Landes, Köln–Wien 1977, S. 129 – 160 (Studia Transylvanica 4).

3. Buchreihen:
- Archiv des Vereins für siebenbürgische Landeskunde.
  Alte Folge (1843 – 1850) 4 Bände.
  Neue Folge (1853 – 1944) 50 Bände.
  Dritte Folge als Siebenbürgisches Archiv, 1962 – 1989, 23 Bände.
  Nebenreihen: Studia Transylvanica (Monographien), 1968 – 1989, 15 Bände.
  Schriften zur Landeskunde Siebenbürgens, 1976 – 1989, 14 Bände.
- Buchreihe der Südostdeutschen Historischen Kommission, München, 1958 – 1986: 32 Bände, darunter 9 Siebenbürgen betreffend.
- Veröffentlichungen des Südostdeutschen Kulturwerks München, Reihen B und C, 1954 – 1989: 47 + 9 Bände, darunter 13 Siebenbürgen betreffend.

4. Zeitschriften:
- Korrespondenzblatt des Vereins für siebenbürgische Landeskunde
  I. Folge 1878 – 1930.
  II. Folge als Siebenbürgische Vierteljahrsschrift 1931 – 1941.
  III. Folge als Korrespondenzblatt des Arbeitskreises für Siebenbürgische Landeskunde 1971 – 1977.
  IV. Folge als Zeitschrift für Siebenbürgische Landeskunde ab 1978.
- Südostdeutsche Vierteljahresblätter (bis 1957 Heimatblätter) ab 1952.
- Südostdeutsches Archiv München, ab 1958.
- Forschungen zur Volks- und Landeskunde Bukarest, ab 1959.

5. Wichtige Quellenveröffentlichungen:
- Urkundenbuch zur Geschichte der Deutschen in Siebenbürgen, 1. Bd. (1191 – 1342), Hermannstadt 1892 (Nr. 1 – 582); 2. Bd. (1342 –

1390), ebda. 1897 (Nr. 583 – 1259); 3. Bd. (1391 – 1415), ebda. 1902 (Nr. 1260 – 1785); 4. Bd. (1416 – 1437), ebda. 1937 (Nr. 1786 – 2299); 5. Bd. (1438 – 1457), Bukarest 1975 (Nr. 2300 – 3098), 6. Bd. (1458 – 1473), ebenda 1981 (Nr. 3099 – 3979); geplant sind 9 Bände.

– Quellen zur Geschichte der Stadt Kronstadt in Siebenbürgen, 8 Bände 1886 – 1926.

– Quellen zur Geschichte Siebenbürgens aus sächsischen Archiven, nur 1. Bd. Hermannstadt 1880.

– Urkunden-Regesten aus dem Archiv der Stadt Bistritz in Siebenbürgen, 1203 – 1570, 2 Bde., Köln-Wien 1986, 1035 S. (Schriften zur Landeskunde Siebenbürgens, 11/I–II).

Bilder-Nachweis

Seite

10 Geographische Lage Rumäniens.

12 Deutsche Volkszugehörigkeit in Rumänien 1956. Aus: E. Wagner, Die Aussiedler aus der Tschechoslowakei und aus Südosteuropa – vergleichende und zusammenfassende Schlußbetrachtungen, Sonderdruck: Die Aussiedler in der Bundesrepublik Deutschland, Abhandlungen in Flüchtlingsfragen, Bd. XII/1, S. 146.

22 Roger van der Weyden, Bildnis einer Frau aus den Niederlanden, 1433.

23 Bauerngruppe aus Deutsch-Weißkirch vor dem Kirchgang (Foto: E. Daniel).

25 Großschenk in Siebenbürgen zur Zeit des Baues der romanischen Basilika. Entwurf: H. Phleps, Zeichnung: Hofmann, 1933. Aus: H. Zillich, Siebenbürgen und seine Wehrbauten, 1941.

26 Wiederherstellung des sogenannten „Fränkischen Gehöftes", wie es die deutschen Einwanderer vom Mittelrhein und der Mosel im 12. Jahrhundert nach Siebenbürgen übertrugen. Entwurf: H. Phleps, Zeichnung: Hofmann, 1933. Aus: H. Zillich, Siebenbürgen und seine Wehrbauten, 1941.

30 Das „Eigen-Landrecht" der Siebenbürger Sachsen. Titelseite des Erstdrucks 1583. Aus: Das Eigen-Landrecht der Siebenbürger Sachsen, Verlag H. Meschendörfer, München 1973.

32 Hermannstadt, Evangelische Kirche, Stahlstich nach einer Zeichnung von Ludwig Rohbock, um 1860.

33 Franz Letz: Kronstadt, Rathaus. Aus: Franz Letz, Siebenbürgisch-sächsische Städte, Verlag H. Meschendörfer, München 1972.

34 Die Bistritzer Stadtpfarrkirche. Linolschnitt von Norbert Thomae.

35 Franz Letz: Schäßburg, Marktplatz. Aus F. Letz, Siebenbürgisch-sächsische Städte, Verlag Hans Meschendörfer, München 1972.

37 Franz Letz: Mühlbach, Stadtpfarrkirche. Aus: F. Letz, Siebenb.-sächs. Städte, Verlag H. Meschendörfer, München 1972.

38 Franz Letz: Mediasch, Forkeschgässer Tor. Aus: F. Letz, Siebenb.-sächs. Städte, Verlag H. Meschendörfer, München 1972.

39 Franz Letz: Sächsisch-Regen, Stadtpfarrkirche. Aus: F. Letz, Siebenb.-sächs. Städte, Verlag H. Meschendörfer, München 1972.

41 Franz Letz: Deutsch-Weißkirch. Aus: Siebenb.-sächs. Kirchenburgen, Verlag H. Meschendörfer, ^{2}1973.

42 Franz Letz: Wurmloch. Aus: F. Letz, Siebenb.-sächs. Kirchenburgen, Verlag H. Meschendörfer, München ^{2}1973.

43 Franz Letz: Birthälm. Aus F. Letz, Siebenb.-sächs. Kirchenburgen, Verlag H. Meschendörfer, München ^{2}1973.

45 Conrad Haas (1529 – 1569), Kaiserlicher Geschützmeister in Hermannstadt. Entwurf, „Wie tu solt machen gar schöne Rakette, die da von im selber oben hienauff in die hoch faren". Zeichnung im „Manuskript von Hermannstadt", Archiv der Bukarester Akademie.

46 Vienna obessa Solimane anno domini 1529.
Die Belagerung Wiens durch Soliman im Jahr 1929. Lavierte Federzeichnung von Barthel Beham, Historisches Museum der Stadt Wien.

49 Johannes Honterus (1498 – 1549), der Siebenbürger Humanist und Reformator. Nach einem Holzschnitt, der 1845 in der „Artistischen Anstalt L. Förster" in Wien neu herauskam.

50 Druckerzeichen der Kronstädter Druckerei von Honterus. Aus: H. Meschendörfer, Verlagswesen der Siebenbürger Sachsen, S. 13. Südostdeutsches Kulturwerk, München 1979.

51 Der Coetus Honteri beim Ausmarsch, 1938.

52 Bücher, die Johannes Honterus in seiner Druckerei in Kronstadt druckte. Aus: H. Meschendörfer, Verlagswesen der Siebenbürger Sachsen, S. 17. Südostdeutsches Kulturwerk, München 1979.

53 Karte Siebenbürgens aus der Cosmographia von Sebastian Münzer. Basel, um 1595.

56 Samuel Baron Freiherr von Brukenthal, 1721 – 1803. Kupferstich von 1779.

57 Jan von Eyck (1390 – 1441): „Der Mann mit der blauen Sendelbinde." Eigentum des Brukenthalmuseums, heute in Bukarest.

Siebenbürgische Literatur im Wort und Welt Verlag (Auswahl):

Hans Bergel/Walter Myss (Hg.): **Wir Siebenbürger**

„Das Buch will in seinen Beiträgen Frauen und Männer der Geschichte, Lebensstimmungen und -lagen, Ereignisse und Schicksale anschaulich machen, die uns in allen Bereichen des Daseins, der Kultur, der Wissenschaft, Kunst und Dichtung, der Wirtschaft und des Handels so zeigen, wie wir uns historisch verstanden: als Abendländer, die in Europas Südosten unter fremden Völkern niemals aufhörten, es zu sein." (408 Seiten, 8 Farb- und ca. 120 Schwarzweißabbildungen, Tabelle der historischen Volkszählung von 1930.)

Walter Myss/Günther Schick (Hg.):
Die Karpaten – Eine siebenbürgische Kulturlandschaft

In seiner Einführung zu diesem Bildband verdichtet Heinz Heltmann seine Ausführungen über Klima, Tier- und Pflanzenwelt zu einem Gemälde der siebenbürgischen Bergwelt.
Den Herausgebern gelangen Bildkompositionen von überzeugender Schönheit, wenn sie etwa unter dem Titel „Impressionen" Höhlen- und Gesteinsbilder oder von Stimmungen geprägte Landschaftsausschnitte zur Einheit gruppierten. Die Hirten-, Bergbauern-, Wanderer-, Kletterer- und Schifahrerwelt der Karpaten, aber auch die Welt der ehemaligen SKV-Hütten mit dem Flair der pionierhaften Erschließung, die Wald- und Hochweidenwelt eröffnen sich dem Leser als mit keiner anderen Europas vergleichbar. (146 Seiten, 104 Farb- und 75 Schwarzweißabbildungen.)

Hans Bergel:
Siebenbürgen – Bilder einer europäischen Landschaft

Im Mittelpunkt dieses Bildbandes steht die siebenbürgisch-sächsische Kulturlandschaft mit ihren Städten, Dörfern, Kirchenburgen und den Menschen, die sie schufen. (120 Seiten, 70 Abbildungen, 12 ganz- und doppelseitige Farbaufnahmen.)

Lore-Lotte Hassfurther (Hg.): **Die Landler – Vergessene altösterreichische Tracht in Siebenbürgen**

Den einzelnen Trachtendarstellungen der drei „Landlergemeinden" Großau, Großpold und Neppendorf ist ein kurzer, fundierter Abriß über die Geschichte der Landler von der ersten Deportation (Transmigration) 1734 unter Karl VI. bis zur Gegenwart vorangestellt. (125 Seiten, 213 Abbildungen, davon 55 in Farbe.)

In der Reihe ***Überblicke*** sind bereits erschienen:

Hans Bergel:
Literaturgeschichte der Deutschen in Siebenbürgen

Der Text dieses Buches geht auf zwei Vorträge Hans Bergels über die deutsche Dichtung in Siebenbürgen zurück. Er führt von den Anfängen deutscher Dichtung im Südosten Europas bis zum Zweiten Weltkrieg und versucht, die Literatur der Siebenbürger Sachsen nach 1945 zu gliedern und trotz ihrer bisherigen Ost-West-Trennung als Einheit zu verstehen. Zahlreiche Abbildungen und Quellentexte sowie ein Verzeichnis weiterführender Literatur vertiefen das Verständnis der Ausführungen Bergels (106 Seiten, 37 Abbildungen).

Kurt Horedt:
Das frühmittelalterliche Siebenbürgen

Aufgrund eigener Forschungen, die drei Jahrzehnte überspannten – der Autor war in dieser Zeit Professor an der Klausenburger Universität –, legt Horedt in diesem Buch die bisher fehlende Zusammenschau über das frühmittelalterliche Siebenbürgen (4. bis 12. Jahrhundert) vor. Zahlreiche Abbildungen, Zeichnungen und Karten ergänzen die spannend geschriebene „Kurzführung" durch diesen Zeitabschnitt Siebenbürgens (120 Seiten, 51 Abbildungen).

Weitere Bände in Vorbereitung!